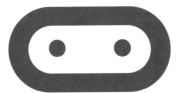

컴퓨팅 사고력 **UP** 재미도 **UP**

나도 마이크로비트로 코딩한다

개정판

- ◎ 실생활과 관련되어 내용 이해가 쉬워요 **이해 쏙쏙!**
- ◎ 실습 과정을 차근차근 설명했어요 **코딩 기초 탄탄!**
- ◎ 출제서 설계 따라 하며 코딩을 배워요 **스스로 척척!**
- ◎ 마지막 완성까지 해 보지 알아요 **컴퓨팅 사고력 쑥쑥!**

GO

씨마스

초판발행 2019년 5월 1일
2 판발행 2024년 2월 23일

지 은 이 김태서, 김지혜, 전승, 권순찬, 김경상
펴 낸 이 이미래
펴 낸 곳 (주)씨마스
주   소 서울특별시 강서구 강서로33가길 78 씨마스빌딩
등록번호 제2021-000078호
내용문의 02)2274-1590~2 | 팩스 02)2278-6702

편   집 권소민, 허진영
디 자 인 표지: 이기복
마 케 팅 김진주

홈페이지 www.cmass21.co.kr | **이메일** cmass@cmass21.co.kr
이 책에 대한 의견이나 잘못된 내용에 대한 수정 정보는 씨마스 홈페이지나 이메일로 알려 주시기 바랍니다.
잘못된 책은 구매처 또는 본사에서 교환해 드립니다.

I S B N 979-11-5672-505-3(53000)

마이크로비트 교구는 별도 판매합니다.
구 매 처 T. 02) 2274-1590~2
홈페이지 cmassedumall.com

뉴마이크로비트 V2

컴퓨팅 사고력 UP 재미도 UP

나도 마이크로비트로 코딩한다

개정판

마비와 네 명의 친구들이
마이크로비트를 활용하여 실생활과 관련된
다양한 과제를 어떻게 해결해 나가는지
함께 경험해 볼까요?

씨마스

머리말

지난 2017년 하반기쯤 중·고등학교에서 정보 과목을 가르치는 교사들이 한 카페에 모였습니다. 2018년부터 정규 교육과정에 중학교 정보 과목이 필수가 되고, 초등학교에서도 코딩 교육의 의무화를 강조하고 있는 시점이었습니다. 교육과정에 새롭게 신설된 피지컬 컴퓨팅 영역에서 다루는 피지컬 컴퓨팅 교구인 아두이노와 E-센서보드, 코드이노 등은 학교에서 배정된 교과 시간에 가르치기가 다소 어렵다는 교사들의 공감대가 있었고, 그에 대한 대안으로 새로운 피지컬 컴퓨팅 교구에 대해 관심이 있었습니다. 그때 발견한 것이 마이크로비트였습니다.

마이크로비트는 영국 BBC에서 코딩 교육용으로 개발한 오픈소스 하드웨어로, 쉽게 말하자면 자그마한 컴퓨터라고 할 수 있습니다. 스마트폰처럼 빛 센서, 가속도 센서, 스피커 등 다양한 센서가 내장되어 있을 뿐만 아니라 25개의 LED와 온도 센서, 터치 센서, 버튼 등이 내장되어 있어 소프트웨어와 하드웨어의 원리를 이해하기에 좋은 도구라고 생각했습니다. 이 밖에 마이크로비트는 클라우드 기반의 블록형 알고리즘으로 접근성이 좋으며, 여러 가지 센서들이 이미 내장되어 있어, 추가로 브레드보드나 센서를 부착할 필요가 없다는 장점이 있습니다. 또한 물리적인 마이크로비트 장치가 없어도 컴퓨터 화면에서 에뮬레이터를 이용하여 시뮬레이션할 수 있습니다.

정보 교사들이 수업에 활용하기 위해 마이크로비트를 함께 배우고 연구하는 과정에서 마이크로비트에 대한 많은 장점을 발견하면서, 마이크로비트에 대해 좀 더 배우고 싶은 분들께 도움이 되었으면 하는 생각에 책을 출간하기로 하였습니다. 집필진들이 함께 모여 주제와 난이도별로 목차를 정하고 '한 걸음 더'를 통해 사고력 확장이 되도록 구성하였습니다. 특히 14장의 '흘리지 않는 쟁반'과 15장의 '쿠킹 타이머'는 마이크로비트로 메이커 활동을 해 볼 수 있도록 구성하여, 창작의 재미와 함께 소프트웨어 교육의 흥미를 높일 수 있도록 하였습니다.

마지막으로 본 도서 집필에 참여해 주신 김지혜 선생님, 전승 선생님, 권순찬 선생님, 김경상 선생님과 출판사 관계자분들께 감사드립니다. 이외에도 집필에 집중할 수 있도록 도움을 주신 집필진 가족 분들께도 감사드립니다.

소프트웨어 교육에 관심이 있는 모든 선생님과 학생들에게 이 책이 도움이 되기를 바랍니다.

집필진 대표 김태서

집필진 소개

김태서

고려대학교 교육대학원에서 컴퓨터교육을 전공하고, 인덕과학기술고등학교에서 정보 교사로 재직하고 있다. 서울 지역 고등학교 정보교육연구회 회장을 맡고 있으며, 마이크로비트, 아두이노, 앱 인벤터 툴을 활용한 소프트웨어 교육에 관심을 갖고 연구 중이다.

김지혜

한양대학교 교육대학원에서 컴퓨터교육을 전공하고, 불암고등학교에서 정보 교사로 재직하고 있다. 정보 과목을 즐겁게 수업할 수 있는 다양한 툴에 관심이 많으며 특히 메이킹 프로젝트를 교육에 접목시키는 데 힘을 쏟는 중이다.

전 승

숭실대학교 컴퓨터학부를 졸업하고, 서울 대성중학교 정보 교사로 재직하고 있다. 교사를 대상으로 앱 제작과 아두이노를 이용한 소프트웨어 교육 연수를 진행하고 있으며, 중학교 학생들의 컴퓨팅 사고력 신장을 위한 교육에 관심을 갖고 연구 중이다.

권순찬

한국교원대학교 컴퓨터교육과 기술교육을 복수 전공하고, 충암중학교 정보 교사로 재직하고 있다. 2018 삼성전자 주니어소프트웨어아카데미 미래교사단, 2018 소프트웨어교육 핵심교원 연수 강사(한국과학창의재단), 2018 서울특별시교육청 특수 분야 직무연수 강사 등 소프트웨어 교육과 관련된 다양한 교사 연수를 왕성하게 펼치고 있다. 현재는 마이크로비트를 활용하여 학생들이 즐겁게 할 수 있는 교육 활동을 연구 중이다.

김경상

서울교육대학교 컴퓨터교육과를 졸업하고, 서울청량초등학교에 재직하고 있다. 다양한 전자 기기, 코딩 등을 활용한 메이킹 프로젝트에 관심이 많으며, 이와 관련하여 학생 동아리와 블로그를 운영하고 있다.

이 책의 구성

마이크로비트에 관한 기본 이해를 돕는 제1부와 제3부, 실제 마이크로비트를 활용하는 제2부로 구성되어 있습니다. 다음은 실제 활용 부분인 제2부에 관한 구성입니다.

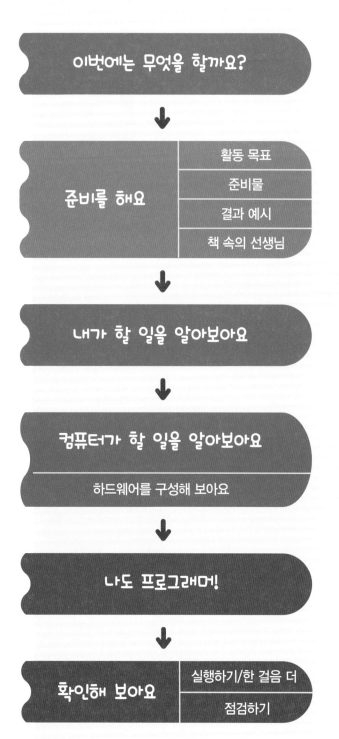

이번에는 무엇을 할까요?

↓

준비를 해요
- 활동 목표
- 준비물
- 결과 예시
- 책 속의 선생님

↓

내가 할 일을 알아보아요

↓

컴퓨터가 할 일을 알아보아요

하드웨어를 구성해 보아요

↓

나도 프로그래머!

↓

확인해 보아요
- 실행하기/한 걸음 더
- 점검하기

❶ 이번에는 무엇을 할까요?

과제의 배경을 만화로 제시하고, 앞으로 어떤 순서로 해결할 것인지 생각해 봅니다.

❷ 준비를 해요

활동 목표, 준비물, 결과 예시, 활동 시간 안내와 이 활동에 필요한 개념과 블록을 소개합니다.

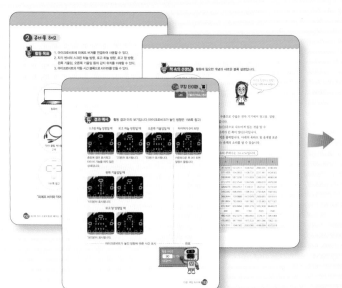

제1부 마이크로비트와의 첫 만남

제2부 마이크로비트로 배우는 코딩

제3부 더 알고 싶은 마이크로비트 심화 이야기

❹ 컴퓨터가 할 일을 알아보아요

프로그램을 만드는 절차를 설계하고, 외부 장치 연결이 필요할 때 하드웨어 구성을 추가합니다.

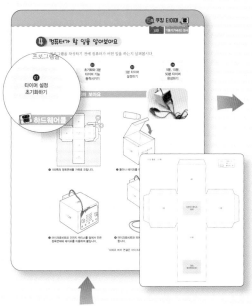

❺ 나도 프로그래머!

❹의 프로그램을 만드는 절차에 따라 실제로 메이크코드로 코딩합니다.

❸ 내가 할 일을 알아보아요

과제를 해결하기 위해 내가 해야 할 작업 순서를 정리합니다.

❻ 확인해 보아요

프로그램이 잘 실행되는지 확인한 뒤, 기능을 추가한 보충 활동을 하고 활동을 정리하여 마무리합니다.

차례

제1부 마이크로비트와의 첫 만남

부록에는 메이크코드
블록 설명서와 메이커
활동 사례가 있습니다.

제1부

마이크로비트와의
첫 만남

①
마이크로비트란?
마이크로비트를 활용한 메이커 활동

②
마이크로비트 구성 살펴보기

③
메이크코드 시작하기

1 마이크로비트란?

마이크로비트는 여러분의
상상력과 창의력을 발휘할 수 있는
초소형 컴퓨터입니다.

'마이크로비트'는 신용 카드 크기의 절반 정도밖에 안 되는 초소형 컴퓨터로, 글자와
그림 등을 나타낼 수 있는 25개의 빨간색 LED와 2개의 버튼 외에도 여러 가지 센서들이
장착되어 있어 여러분이 상상한 대부분의 것을 디지털 작품으로 만들 수 있습니다.
어린 학생들이 아무것도 모르는 상태에서 연필을 쥐고 그림을 그리듯이,
코딩에 대한 전문적인 지식이 없어도 이 마이크로비트로 다양한 작품을 쉽게 만들 수
있습니다.

여러분은 마이크로비트를 이용하여 악기를 만들 수도 있고, 게임기를 만들 수도 있고,
자동차를 만들 수도 있고, 심지어 로봇을 만들 수도 있습니다. 마이크로비트에 여러분의
상상력과 창의력을 더한다면 어떤 디지털 작품이든 만들 수 있는 것입니다.
영국에서 어린 학생들이 자연스럽게 컴퓨터에 대해서 배울 수 있도록 학생 100만 명에게
마이크로비트를 무료로 나누어 준 것을 시작으로, 현재는 전 세계 50여 개 나라 이상의
학생들이 마이크로비트를 이용하여 다양한 디지털 작품을 만들어 공유하고 있습니다.

여러분들도 마이크로비트를 활용하여 나만의 디지털 작품을 만들고 세계 여러 나라의
학생들에게 자신의 작품을 공유해 보세요!

마이크로비트를 활용한 메이커 활동

마이크로비트에 여러분의 상상력과 창의력을 더한다면
여러 가지 디지털 작품을 만들 수 있습니다.
어떤 작품을 만들 수 있는지 함께 살펴봅시다.

01 마이크로비트를 이용한 디지털 작품

마이크로비트에는 이미 여러 가지 센서가 장착되어 있어 마이크로비트만으로도 다양하고
재미있는 작품을 만들 수 있습니다.

움직임을 감지하는 센서로?
마이크로비트를 뒤집어서 웃는 얼굴이 나타나면 '청소 당번
면제', 청소기 또는 빗자루 모양이 나오면 '청소 당번 당첨'을
나타내는 장치입니다.

라디오 신호를 주고받을 수 있는 장치로?
마이크로비트의 라디오 신호를 이용하여 자신의 짝을 찾는
장치를 만든 모습입니다.

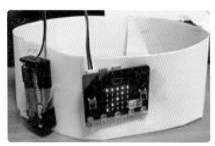

종이 공작을 추가하면?
인디언 포커 게임을 할 때 카드 대신으로 사용할 수 있도록
마이크로비트와 A4 종이를 이용하여 머리띠를 만든 모습
입니다.

'라즈베리파이'라는 소형 컴퓨터를 마이크로비트와
연결하여 만든 마음을 알아 주는 무드등입니다.

02 마이크로비트와 외부 장치를 이용한 디지털 작품

마이크로비트는 외부 장치 연결 핀을 이용하여 LED, 서보모터, 초음파 센서 등을 추가할 수 있습니다. 마이크로비트에 외부 장치를 추가하여 다양한 작품을 만들어 봅시다.

알루미늄 포일 사용
마이크로비트와 알루미늄 포일을 이용하여 만든 차량 속력 측정기입니다.

네오픽셀 LED 연결
마이크로비트에 원 모양의 네오픽셀 LED (24개)를 연결하여 영화 '아이언맨'의 아크 원자로를 만든 모습입니다.

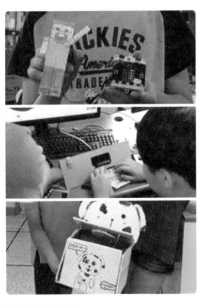

서보모터 사용
위에서부터 순서대로 손을 흔드는 종이 인형, 자판기 지폐 투입구, 자동으로 뚜껑이 열리는 유기견 모금함을 만든 모습입니다.

기능 추가
평범한 스탠드에 마이크로비트와 릴레이(전기 스위치의 일종)를 더하여 무선 스탠드를 만든 모습입니다.

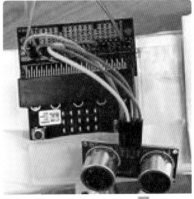

초음파 센서 사용(로봇 키트)
마이크로비트를 이용하여 만든 로봇 키트와 자율 주행 자동차입니다.

마이크로비트는 다양한 장치들을 모아 놓은
컴퓨터 보드입니다. 함께 살펴볼까요?

앞면

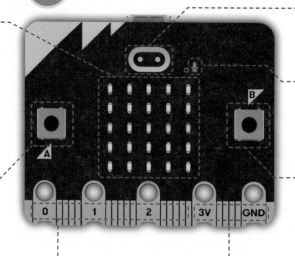

❶ LED 디스플레이

가로 5개, 세로 5개 총 25개의 LED가 있습니다. 이 25개의 LED를 이용하여 그림, 숫자, 글자를 표현합니다. 또, 빛의 양을 측정하는 빛 센서로도 사용할 수 있습니다.

❷ A버튼

눌러서 여러 가지 신호를 보낼 수 있습니다.

❸ 외부 장치 연결 핀

마이크로비트에는 외부 장치를 연결하기 위한 핀이 있습니다. 모터와 네오픽셀 LED 등을 이 곳에 연결할 수 있습니다.

❹ 전원 공급

외부 장치(예 모터)에 전원을 공급할 때 사용합니다.

❺ 로고 터치 버튼

로고를 터치하면 버튼처럼 여러 가지 신호를 보낼 수 있습니다.

❻ 마이크 사용 표시 램프

뒷면에 있는 마이크를 사용할 때 불이 켜집니다.

❼ B버튼

기계적인 특징은 A버튼과 같습니다.

주의

마이크로비트에 사용된 LED는 전기를 흘려보내 주면 빛을 냅니다. 반대로 LED에 빛을 쪼이면 빛의 양에 비례하여 전기를 만들어내기도 합니다. 마이크로비트는 이와 같은 LED의 성질을 이용하여 LED를 빛 센서로 사용할 수 있습니다.

❸, ❹번의 외부 장치 연결용 핀을 살펴보면 일부 핀은 크고 구멍이 뚫려 있지만(큰 핀), 일부 핀은 작고 구멍이 뚫려 있지 않은 것(작은 핀)을 확인할 수 있습니다.

자주 사용하는 0, 1, 2, 3V, GND 핀은 악어 클립 또는 4mm 바나나 플러그 등을 통해 쉽게 연결할 수 있도록 만들어 두었습니다. 만약 더 많은 외부 장치를 연결하기 위해 작은 핀들을 사용해야 한다면 제3부에서 소개할 확장 보드를 연결해야 합니다.

❶ 블루투스 안테나

블루투스로 다른 기기들과 통신하기 위한 안테나입니다. 블루투스를 이용하여 컴퓨터/스마트폰/태블릿 PC와 무선으로 연결할 수 있습니다.

❷ 마이크로 컨트롤러 온도 센서

사람의 '두뇌' 역할을 하는 부품입니다. 마이크로 컨트롤러 내부에는 온도를 측정할 수 있는 센서가 있습니다.

❸ 기울기(가속도), 자기(나침반) 센서

마이크로비트의 기울기나 위치 등을 감지하는 센서입니다.

❹ 마이크

주변 소리의 크기를 감지하는 센서입니다.

뒷면

micro:bit

USB
BLE ANTENNA
MICROPHONE
RESET
BATTERY

SPEAKER
PROCESSOR
ACCELEROMETER
COMPASS
PINS

❺ USB 포트

마이크로 5핀(Micro B) 규격으로, 컴퓨터와 연결할 때 사용합니다.

❻ 상태 표시 램프

전원이 들어오거나 자료를 주고받는 것을 알리는 램프입니다.

❼ 배터리 소켓

외장 배터리 팩을 연결할 때 사용합니다.

❽ 재시작 및 전원 버튼

한 번 누르면 프로그램을 처음부터 다시 실행하고, 길게 누르면 전원이 꺼집니다.

❾ 스피커

소리를 출력하는 장치입니다.

주의

아래 그림과 같은 JST 2핀 AAA(또는 AA) 건전지×2개 홀더를 이용하여 마이크로비트에 전원을 공급할 수 있습니다. 외부 배터리를 연결하면 컴퓨터와 연결하지 않고도 마이크로비트를 작동시킬 수 있습니다.

3 메이크코드 시작하기

마이크로비트를 작동시킬 코딩 프로그램에는 여러 가지가 있습니다. 그중에 블록을 조립하는 방식으로 손쉽게 코딩할 수 있는 메이크코드를 살펴보도록 하겠습니다.

메이크코드는 복잡한 프로그래밍 문법에 대해 전혀 몰라도 논리적인 구조에 따라 블록을 조립하여 프로그램을 만들 수 있습니다. 따라서 마이크로비트와 프로그래밍을 처음 접하는 사람들도 쉽게 사용할 수 있습니다.
오프라인 메이크코드 편집기는 윈도10 운영체제에서 인터넷이 연결되어 있지 않으면 일부 기능이 제한될 수 있습니다.

메이크코드는 엔트리나 스크래치와 비슷한 형태로 블록 코딩을 쉽고 재미있게 배울 수 있는 교육용 프로그래밍 언어입니다.

01 구글 크롬 브라우저 설치하기

메이크코드를 원활히 사용하기 위해서는 구글 크롬(Google Chrome) 브라우저 사용을 권장합니다.

❶ 현재 사용하는 인터넷 브라우저를 실행합니다.
   (아래의 내용은 Internet Explorer 11버전을 기준으로 작성하였습니다.)

❷ 주소 창에 www.google.com/chrome/ 를 입력한 뒤, Enter 키를 누릅니다.

❸ 화면 가운데의 [CHROME
   다운로드] 버튼을 누릅니다.

❹ [동의 및 설치] 버튼을 누릅니다.

❺ 크롬 브라우저 설치 파일(ChromeSetup.exe) 다운로드가 시작됩니다.
   [실행] 버튼을 눌러 실행합니다.

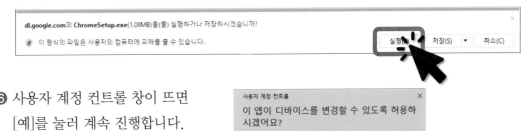

❻ 사용자 계정 컨트롤 창이 뜨면
   [예]를 눌러 계속 진행합니다.

❼ 크롬(◉) 브라우저 설치를 진행합니다.

❽ 정상적으로 설치가 완료되면 구글 크롬 브라우저를 실행할 수 있습니다.

02 메이크코드 접속하기

자, 이제 메이크코드에 접속해 봅시다.

❶ 크롬(◉) 브라우저를 실행합니다.

❷ 주소창에 http://makecode.microbit.org 를 입력한 뒤, Enter 키를 누릅니다.

❸ 메이크코드 사이트가 나타납니다.

Q&A

Q. 그 밖에 메이크코드를 접속하는 방법은 무엇이 있나요?
A. 영어를 타이핑하는 것이 어려운 학생들은 검색 사이트를 통하여 메이크코드에 접속할 수 있습니다.

❶ 크롬(◉) 브라우저를 실행합니다.

❷ 첫 화면에 뜨는 구글 검색 창에 '마이크로비트'를 입력한 뒤, Enter 키를 누릅니다.

❸ 마이크로비트 재단 공식 홈페이지에 접속합니다.

❹ 상단 메뉴 중 Let's Code(코드 만들기)를 선택합니다.

❺ 를 클릭하면 메이크코드 사이트에 접속할 수 있습니다.

03 메이크코드 살펴보기

 (새 프로젝트) 버튼을 누르면 나만의 프로그램을 만들 수 있고, [따라해 보기]의 예제를 따라하다 보면 기초적인 마이크로비트 사용법을 익힐 수 있습니다.

❸ 코드 변환

처음 화면으로 가기 ❶
❷
프로젝트 공유하기

도움말 ❹
환경 설정 ❺

❶ 처음 화면으로 돌아가기
❷ 작성한 프로젝트를 다른 사람과 공유하기
❸ 프로그래밍 환경을 블록이나 자바스크립트로 변환하기
❹ 자바스크립트 블록 에디터의 여러 가지 정보 제공받기
❺ 프로젝트 설정, 프로젝트 삭제, 언어 선택 등 블록 에디터를 사용자의 필요에 맞게 설정하기

에뮬레이터

실제 마이크로비트에서 실행하기 전에 시뮬레이션하는 기능

상단의 메뉴 영역

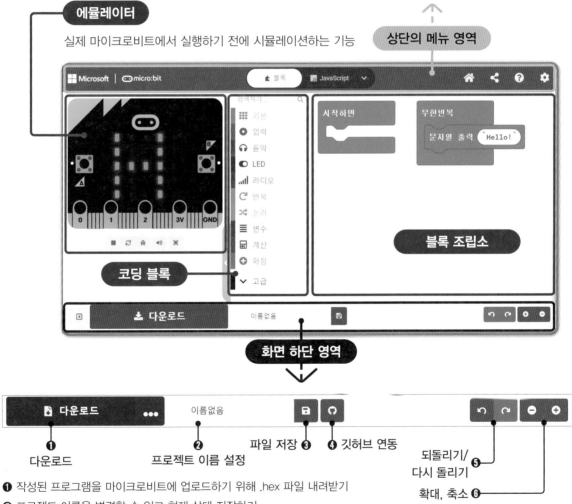

코딩 블록

블록 조립소

화면 하단 영역

다운로드 ❶
프로젝트 이름 설정 ❷
파일 저장 ❸
❹ 깃허브 연동
되돌리기/ 다시 돌리기 ❺
확대, 축소 ❻

❶ 작성된 프로그램을 마이크로비트에 업로드하기 위해 .hex 파일 내려받기
❷ 프로젝트 이름을 변경할 수 있고 현재 상태 저장하기
❸ 파일 저장하기
❹ 깃허브 연동하기
❺ 편집 창에 작성한 내용을 이전 단계로 되돌리기 / 이전 단계로 되돌렸던 내용을 앞 단계로 다시 돌리기
❻ 편집 영역을 확대하거나 축소하기

04 메이크코드로 프로그램 만들기

메이크코드로 간단한 프로그램을 만들어 봅시다.

마이크로비트의 LED에 "Hello!"라는
글자를 계속해서 출력하는 프로그램입니다.

❶ 〔**⠿ 기본**〕 카테고리를 누릅니다.

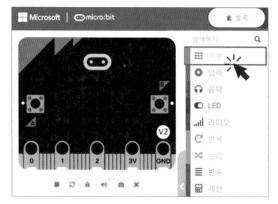

❷ 〔**문자열 출력 "Hello!"**〕 블록을 마우스 왼쪽
버튼을 누른 상태에서 [블록 조립소]로
끌어다 놓습니다.

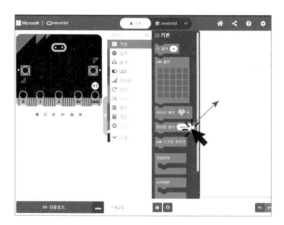

❸ 〔**문자열 출력 "Hello!"**〕 블록을 〔**무한반복**〕
블록 안에 조립합니다.

❹ '딸깍' 소리와 함께 명령 블록이
연결되고 [에뮬레이터]의 LED에서
"Hello!"라는 글자가 출력되는 것을
확인할 수 있습니다. 이때 영문자가
한 글자씩 나타납니다.

필요 없는 블록을 지우는 방법을 알아보도록 하겠습니다.
이 프로그램에서 사용되지 않는 '시작하면 실행' 블록을
지우는 방법은 아래와 같습니다.

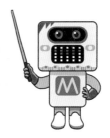

❶ 시작하면 블록을
마우스 왼쪽 버튼을 눌러
명령 카테고리로 끌고
옵니다.

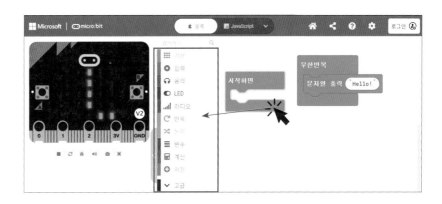

❷ 명령 카테고리에 쓰레기통
모양이 나타납니다. 이처럼
지우고 싶은 명령 블록을
다시 명령 카테고리로
끌어다 놓으면 명령 블록을
지울 수 있습니다.

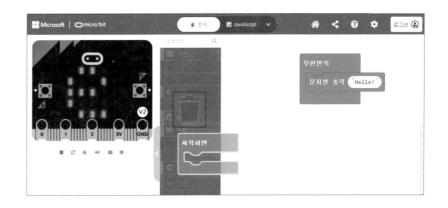

❸ 또는 지우고자 하는 명령
블록을 누른 뒤, [Delete]키를
눌러도 명령 블록을 지울 수
있습니다.

05 만든 프로그램 업로드하기

이제, 여러분이 만든 프로그램을 실제 마이크로비트에서 작동하도록 업로드해 봅시다.

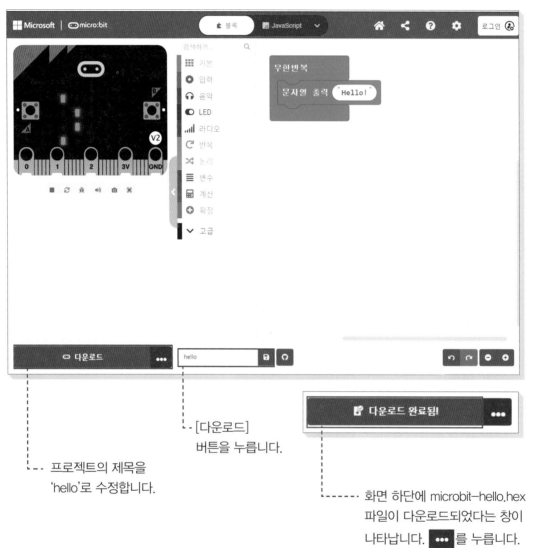

- - - [다운로드]
버튼을 누릅니다.

- - - 프로젝트의 제목을
'hello'로 수정합니다.

- - - 화면 하단에 microbit-hello.hex
파일이 다운로드되었다는 창이
나타납니다. ●●● 를 누릅니다.

다운로드 폴더를 확인해 보면 23쪽
첫 번째 그림처럼 microbit-hello.hex 파일이
저장된 것을 확인할 수 있습니다.

마이크로비트를 USB 케이블로 컴퓨터와 연결합니다.

USB 케이블의 규격은 안드로이드 스마트폰에서 많이
사용되는 Micro USB 5핀(Micro B type 2.0)입니다.

컴퓨터와 마이크로비트를
USB 케이블로 연결하면,
MICROBIT라는 이름의 이동식
디스크(드라이브)가 인식됩니다.

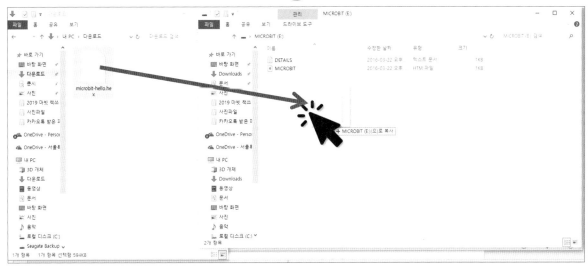

다운로드 된 .hex 파일을 MICROBIT라는 이름의 이동식 디스크로 복사하면 업로드가 완료됩니다.

제2부

마이크로비트로 배우는 코딩

1장 하트가 두근두근

1 이번에는 무엇을 할까요?

하트는 좋아하는 감정을 나타냅니다. 마이크로비트로 좋아하는 마음을 전달해 보면
어떨까요?

이번 활동에서는 마이크로비트에 있는 25개의 LED를 이용하여
하트의 크기가 커졌다 작아지게 해 보겠습니다.

2 준비를 해요

활동 목표

1. 마이크로비트의 기본 블록을 사용할 수 있다.
2. 마이크로비트 LED에 불을 켤 수 있다.

준비물

컴퓨터　　　　　USB 케이블　　　　　마이크로비트

결과 예시 활동 결과 미리 보기입니다.

하트 LED　　　　작은 하트 LED　　　　빈 LED

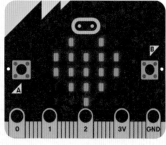

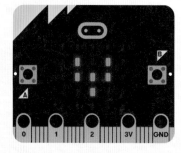

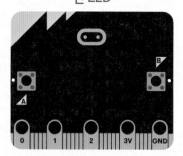

하트 아이콘을 LED에
표시합니다.

작은 하트 아이콘을 LED에
표시합니다.

아무것도 입력하지 않은
LED를 출력합니다.

활동 시간은 20 분 정도 소요됩니다.

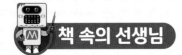 **책 속의 선생님** 활동에 필요한 개념과 새로운 블록 설명입니다.

 블록이 뭐지?

 블록끼리 어떻게 연결시키지?

▶ **블록이 뭐예요?**

블록은 프로그램을 작성하는 데 필요한 명령을 블록 모양으로 표현한 것입니다.

▶ **어떤 블록을 사용하나요?**

- ⊞ 기본 　블록을 사용합니다.
- ⊞ 기본 　블록에는 기본적으로 자주 사용하는 블록이 모여 있습니다.

블록	블록 설명
무한반복	•------• 여러 번 계속해서 실행합니다.
아이콘 출력 ▼	•------• ▼를 누르면 마이크로비트에서 제공하는 다양한 아이콘을 사용할 수 있습니다.
LED 출력	•------• LED 출력을 원하는 대로 만들 수 있습니다.

3 내가 할 일을 알아보아요

현재 상태와 목표 상태를 알아보고, 목표 상태까지 수행해야 할 작업 순서를 살펴봅시다.

현재 상태
좋아하는 마음을
재미있게 표현하고 싶다.

목표 상태
마이크로비트의 LED를 이용하여
좋아하는 마음을 하트로
표현한다.

수행해야 할 작업
❶ LED에 하트 나타내기
❷ LED에 작은 하트 나타내기
❸ LED에 아무것도 나타내지 않기
❹ 무한 반복하기

4 컴퓨터가 할 일을 알아보아요

프로그램을 작성하기 전에 컴퓨터가 어떤 일을 해야 하는지 살펴봅시다.

01 무한 반복하기   **02** 아이콘 출력하기   **03** LED 출력하기

하트 출력하기

작은 하트 출력하기

5 나도 프로그래머!

자, 지금까지 알아본 내용을 바탕으로 프로그램을 작성해 봅시다.

01 무한 반복하기

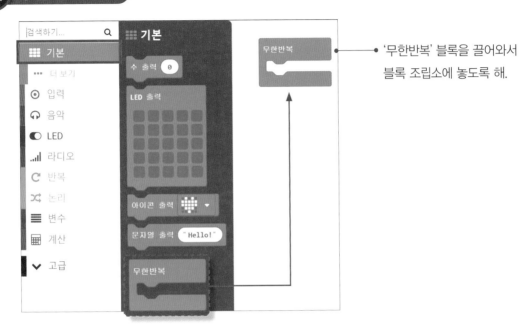

'무한반복' 블록을 끌어와서
블록 조립소에 놓도록 해.

02 아이콘 출력하기

▶ 하트 출력하기

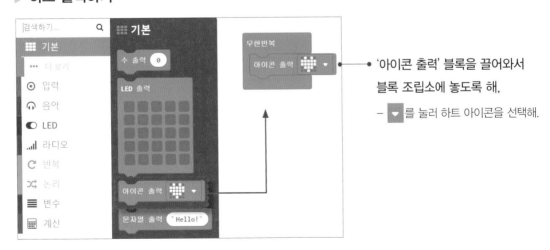

'아이콘 출력' 블록을 끌어와서
블록 조립소에 놓도록 해.

– ▼를 눌러 하트 아이콘을 선택해.

▶ 작은 하트 출력하기

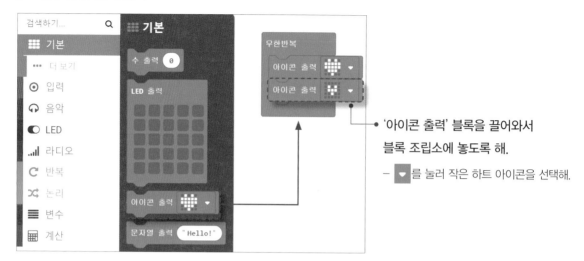

● '아이콘 출력' 블록을 끌어와서
블록 조립소에 놓도록 해.

– 를 눌러 작은 하트 아이콘을 선택해.

부록 177쪽의 블록을
가위로 오린 뒤, 손으로 직접
프로그램을 조립해 보세요.

03 LED 출력하기

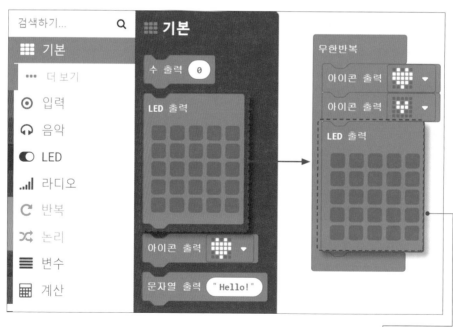

● 'LED 출력' 블록을 끌어와서
블록 조립소에 놓도록 해.

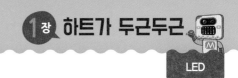

LED

6 확인해 보아요

완성된 프로그램을 실행해 보고, 실행 결과에 이상이 없는지 점검해 봅시다.

 **실행하기** 26쪽 결과 예시와 비교하면서 실행해 봅시다.

 동영상

하트 LED	작은 하트 LED	빈 LED

한 걸음 더

하트가 콩닥콩닥 뛰는 모습을 좀 더 자세히 표현하기 위해 하트의 크기가
줄어들었다가 사라지고 다시 커지는 것이 반복되도록 프로그램을 수정해 봅시다.

무한반복

아이콘 출력

아이콘 출력

LED 출력

아이콘 출력

아이콘 출력

 소스 코드

거꾸로
생각해 보아요!

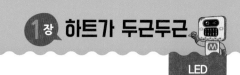

 **점검하기** 마카오톡 내용을 읽고, 활동을 마무리합시다.

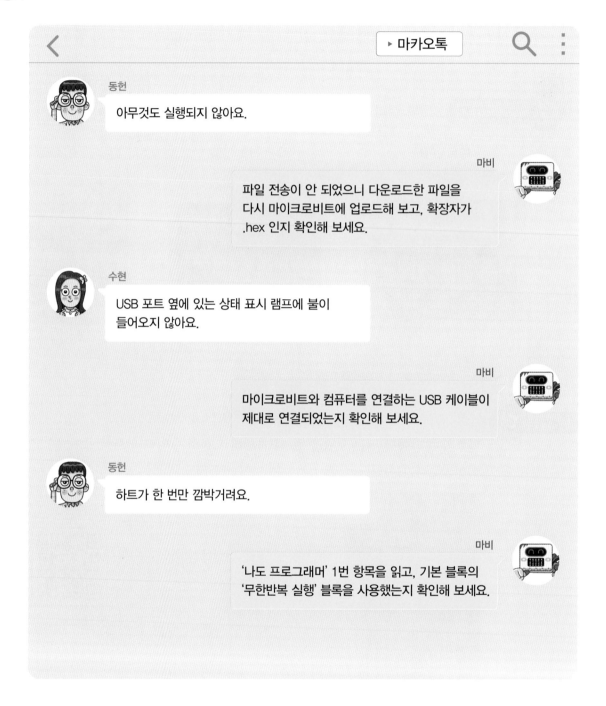

동헌
아무것도 실행되지 않아요.

마비
파일 전송이 안 되었으니 다운로드한 파일을 다시 마이크로비트에 업로드해 보고, 확장자가 .hex 인지 확인해 보세요.

수현
USB 포트 옆에 있는 상태 표시 램프에 불이 들어오지 않아요.

마비
마이크로비트와 컴퓨터를 연결하는 USB 케이블이 제대로 연결되었는지 확인해 보세요.

동헌
하트가 한 번만 깜박거려요.

마비
'나도 프로그래머' 1번 항목을 읽고, 기본 블록의 '무한반복 실행' 블록을 사용했는지 확인해 보세요.

활동을 잘 마무리했다면
다음 활동으로
넘어가 볼까요?

1 이번에는 무엇을 할까요?

수의 순서에 대해 공부하려고 해요. 간단하게 수의 순서를 익혀 보면 어떨까요?

이번 활동에서는 마이크로비트에 있는 25개의 LED와 2개의 버튼, 변수를 이용하여 수를 1씩 증가 또는 감소시켜 보겠습니다.

 **준비를 해요**

 **활동 목표**

1. 마이크로비트의 버튼 센서의 입력 방법을 사용할 수 있다.
   (A버튼 누르기, B버튼 누르기, A버튼과 B버튼 동시에 누르기)
2. 변수의 개념을 알고 사용할 수 있다.

준비물

컴퓨터

USB 케이블

마이크로비트

결과 예시 활동 결과 미리 보기입니다.

A버튼을 눌렀을 때

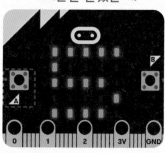

A버튼을 누르면 LED의
수가 1씩 증가합니다.

B버튼을 눌렀을 때

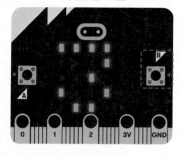

B버튼을 누르면 LED의
수가 1씩 감소합니다.

A와 B버튼을 동시에 눌렀을 때

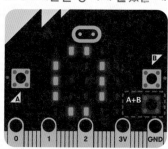

A버튼과 B버튼을 동시에
누르면 LED의 수가 0이 됩니다.

활동 시간은
20 분 정도
소요됩니다.

LED   버튼

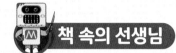 **책 속의 선생님**   활동에 필요한 개념과 새로운 블록 설명입니다.

▶ **버튼이 뭐예요?**

마이크로비트에 있는 A버튼과 B버튼을 누르면
명령을 실행할 수 있고, 이 블록을 이용하여
코딩할 수 있습니다. A+B 표현은 A버튼과
B버튼을 동시에 누른다는 뜻입니다.

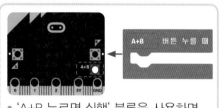

• 'A+B 누르면 실행' 블록을 사용하면
에뮬레이터에 A+B버튼이 나타나요.

▶ **변수가 뭐예요?**

변수는 변하는 값을 저장하는 공간으로, 어떤 값을 더하거나 빼면 새로운 값이
생기는데 이 값을 저장합니다.

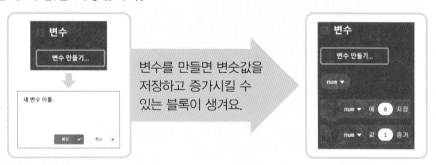

변수를 만들면 변숫값을
저장하고 증가시킬 수
있는 블록이 생겨요.

▶ **어떤 블록을 사용하나요?**   ⊙ 입력   블록, ☰ 변수   블록을 사용합니다.

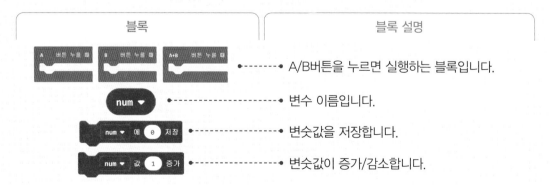

블록	블록 설명
A 버튼 누를 때 / B 버튼 누를 때 / A+B 버튼 누를 때	A/B버튼을 누르면 실행하는 블록입니다.
num ▼	변수 이름입니다.
num ▼ 에 0 저장	변숫값을 저장합니다.
num ▼ 값 1 증가	변숫값이 증가/감소합니다.

3 내가 할 일을 알아보아요

현재 상태와 목표 상태를 알아보고, 목표 상태까지 수행해야 할 작업 순서를 살펴봅시다.

현재 상태

수의 순서를 쉽고 재밌게
공부하고 싶다.

목표 상태

버튼을 눌러 수의 순서를
쉽고 재미있게
공부한다.

수행해야 할 작업

❶ A버튼을 눌러 수를 1씩 늘리기
❷ B버튼을 눌러 수를 1씩 줄이기
❸ A버튼과 B버튼을 동시에 눌러 수를 0으로 초기화하기

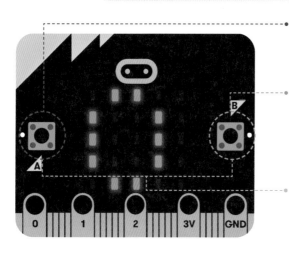

A버튼을 누르면 수가 1씩 증가해.

B버튼을 누르면 수가 1씩 감소해.

A버튼과 B버튼을 동시에 누르면
수가 0으로 초기화 돼.

4 컴퓨터가 할 일을 알아보아요

프로그램을 작성하기 전에 컴퓨터가 어떤 일을 해야 하는지 살펴봅시다.

01
변수에 초깃값
저장하기

02
시작하면
실행 블록의 'num'
변수에 0을 저장하기

03
A버튼과 B버튼을
각각 눌러 변숫값의
증가와 감소 실행하기

04
A버튼과 B버튼을
동시에 눌러
게임 초기화하기

LED 버튼

5 나도 프로그래머!

자, 지금까지 알아본 내용을 바탕으로 프로그램을 작성해 봅시다.

01 변수에 초깃값 저장하기

▶ 변수 생성하기

| num | LED에 표시될 숫자가 저장될 변수 |

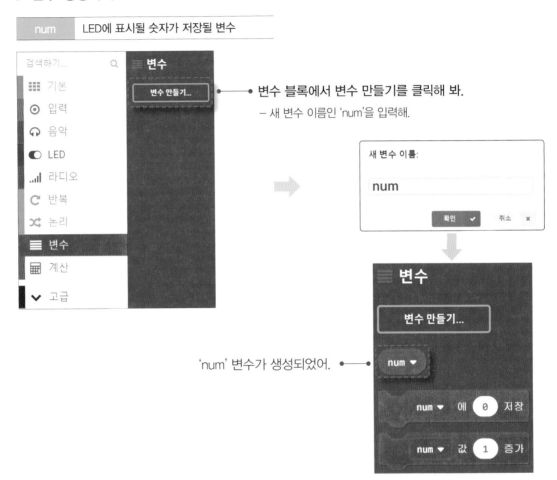

변수 블록에서 변수 만들기를 클릭해 봐.
– 새 변수 이름인 'num'을 입력해.

'num' 변수가 생성되었어.

02 시작하면 실행 블록의 'num' 변수에 0을 저장하기

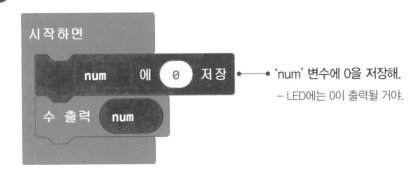

'num' 변수에 0을 저장해.
– LED에는 0이 출력될 거야.

03 A버튼과 B버튼을 각각 눌러 변숫값의 증가와 감소 실행하기

▶ 수의 증가 실행하기

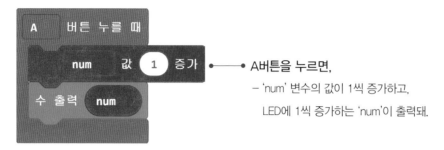

A버튼을 누르면,

– 'num' 변수의 값이 1씩 증가하고,
LED에 1씩 증가하는 'num'이 출력돼.

▶ 수의 감소 실행하기

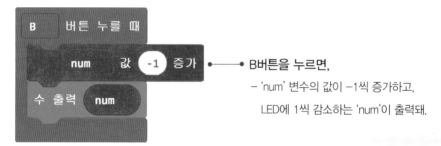

B버튼을 누르면,

– 'num' 변수의 값이 –1씩 증가하고,
LED에 1씩 감소하는 'num'이 출력돼.

컴퓨터는 계산을 증가하는 것만
할 수 있어요. 그래서 수가 감소할
때에는 (–1) 증가라고 표현합니다.

04 A버튼과 B버튼을 눌러 게임 초기화하기

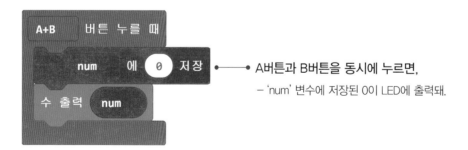

A버튼과 B버튼을 동시에 누르면,

– 'num' 변수에 저장된 0이 LED에 출력돼.

부록 177, 179쪽의 블록을
가위로 오린 뒤, 손으로 직접
프로그램을 조립해 보세요.

 확인해 보아요

완성된 프로그램을 실행해 보고, 실행 결과에 이상이 없는지 점검해 봅시다.

 **실행하기** 34쪽 결과 예시와 비교하면서 실행해 봅시다.

A버튼을 눌렀을 때

수가 1씩 증가합니다.

B버튼을 눌렀을 때

수가 1씩 감소합니다.

A버튼과 B버튼을
동시에 눌렀을 때

수가 0으로 초기화됩니다.

 **한 걸음 더**

마이크로비트에 있는 변수 블록을 이용하여, 구구단 2단을 공부할 수 있는 게임을
만들어 봅시다.

변수의 값을 바꾸면
다양한 숫자 게임을
만들 수 있어요.

점검하기 마카오톡 내용을 읽고, 활동을 마무리합시다.

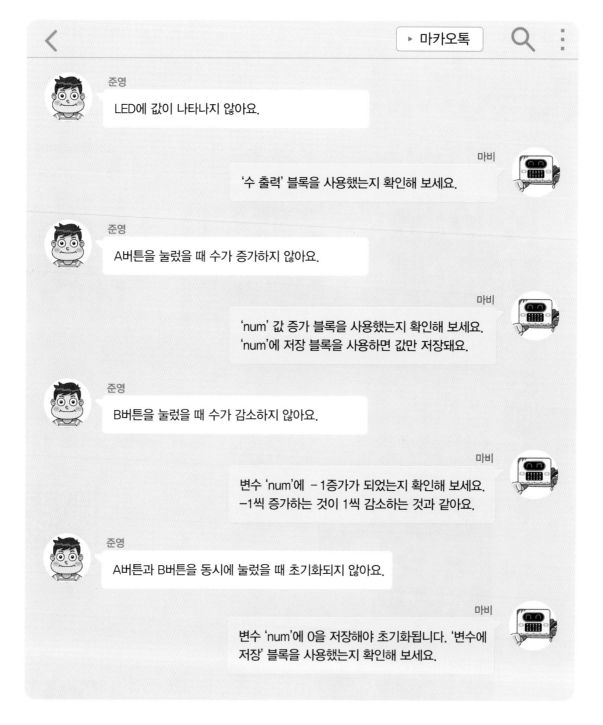

▶ 마카오톡

준영
LED에 값이 나타나지 않아요.

마비
'수 출력' 블록을 사용했는지 확인해 보세요.

준영
A버튼을 눌렀을 때 수가 증가하지 않아요.

마비
'num' 값 증가 블록을 사용했는지 확인해 보세요.
'num'에 저장 블록을 사용하면 값만 저장돼요.

준영
B버튼을 눌렀을 때 수가 감소하지 않아요.

마비
변수 'num'에 −1증가가 되었는지 확인해 보세요.
−1씩 증가하는 것이 1씩 감소하는 것과 같아요.

준영
A버튼과 B버튼을 동시에 눌렀을 때 초기화되지 않아요.

마비
변수 'num'에 0을 저장해야 초기화됩니다. '변수에
저장' 블록을 사용했는지 확인해 보세요.

활동을 잘 마무리했다면
다음 활동으로
넘어가 볼까요?

3장 북쪽이 어느 방향이지?

① 이번에는 무엇을 할까요?

북두칠성은 어디에 있지? 집 방향이 남쪽인 집이 볕이 잘 든다는데 남쪽이 어디지?
동서남북을 알려 주는 나침반을 만들어 궁금증을 해결해 봐요.

이번 활동에서는 마이크로비트에 있는 자기 센서를 이용하여
동쪽(E), 서쪽(W), 남쪽(S), 북쪽(N)을 알려 주는 나침반을 만들어 보겠습니다.

준비를 해요

활동 목표

1. 마이크로비트의 자기 센서를 사용할 수 있다.
2. 동서남북과 각도를 이해할 수 있다.
3. 조건문의 개념을 알고 사용할 수 있다.

준비물

컴퓨터

USB 케이블

마이크로비트

결과 예시   활동 결과 미리 보기입니다.

각도가 0°일 때

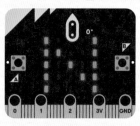

각도가 315°~45° 미만이므로 N(북쪽)을 LED에 표시합니다.

각도가 103°일 때

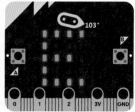

각도가 45°~135° 미만이므로 E(동쪽)를 LED에 표시합니다.

각도가 150°일 때

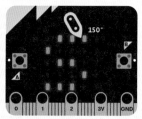

각도가 135°~225° 미만이므로 S(남쪽)를 LED에 표시합니다.

각도가 261°일 때

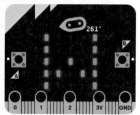

각도가 225°~315° 미만이므로 W(서쪽)를 LED에 표시합니다.

활동 시간은 30 분 정도 소요됩니다.

LED   자기 센서

책 속의 선생님 활동에 필요한 개념과 새로운 블록 설명입니다.

마이크로비트는 방향을
어떻게 감지할까?

조건문?
무슨 조건?

▶ **자기 센서가 뭐예요?**

마이크로비트에는 지구 자기장을 감지하여 마이크로비트가
놓여있는 방향을 알아낼 수 있는 자기 센서가 있습니다.
마이크로비트의 자기 센서값이 315°~45°미만이면 북쪽,
45°~135°미만이면 동쪽, 135°~225°미만이면 남쪽,
225°~315°미만이면 서쪽을 나타냅니다.

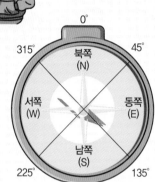

▶ **비교 연산과 논리 연산이 뭐예요?**

• 비교 연산이란 두 값이 서로 크고 작음을 비교하는 연산으로, [=, ≠, <, ≤, >, ≥]를
선택하여 사용할 수 있습니다.

• 논리 연산이란 컴퓨터가 참인지 거짓인지 판단하는 것으로, 해당 조건의 만족 여부에
따라 [그리고, 또는, 아니다(반대로)]로 나타납니다.

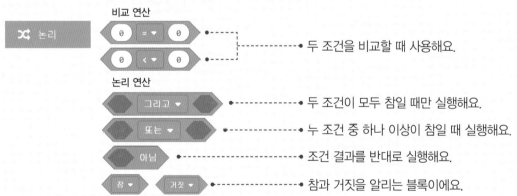

비교 연산

🔀 논리

0 = ▼ 0
0 < ▼ 0 ┈┈┈┈┈┈● 두 조건을 비교할 때 사용해요.

논리 연산

그리고 ▼ ┈┈┈┈┈┈● 두 조건이 모두 참일 때만 실행해요.
또는 ▼ ┈┈┈┈┈┈● 누 조건 중 하나 이상이 참일 때 실행해요.
아님 ┈┈┈┈┈┈● 조건 결과를 반대로 실행해요.
참 ▼   거짓 ▼ ┈┈┈┈┈┈● 참과 거짓을 알리는 블록이에요.

▶ **어떤 블록을 사용하나요?** ◉ 입력 블록을 사용합니다.

블록	블록 설명
나침반 방향 (°) ┈┈┈┈●	자기 센서값을 측정하는 블록입니다.

③ 내가 할 일을 알아보아요

현재 상태와 목표 상태를 알아보고, 목표 상태까지 수행해야 할 작업 순서를 살펴봅시다.

현재 상태
북두칠성의 위치를
확인하고 싶다.

목표 상태
마이크로비트로 LED에
방향이 출력되는 나침반을
만들어 북두칠성의
위치를 확인한다.

수행해야 할 작업

❶ 자기 센서값이 315°~ 45°미만이면 LED에 "N" 나타내기
❷ 자기 센서값이 45°~ 135°미만이면 LED에 "E" 나타내기
❸ 자기 센서값이 135°~ 225°미만이면 LED에 "S" 나타내기
❹ 자기 센서값이 225°~ 315°미만이면 LED에 "W" 나타내기

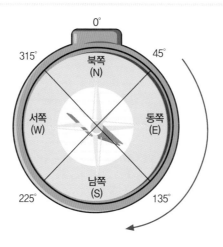

④ 컴퓨터가 할 일을 알아보아요

프로그램을 작성하기 전에 컴퓨터가 어떤 일을 해야 하는지 살펴 봅시다.

01 변수에 자기 센서값
저장하기

02 논리 연산문
작성하기

03 0°~ 360° 까지
조건문 작성하기

04 마이크로비트의
자기 센서를 활성화시켜
방향 출력하기

5 나도 프로그래머!

자, 지금까지 알아본 내용을 바탕으로 프로그램을 작성해 봅시다.

01 변수에 자기 센서값 저장하기

▶ **변수 생성하기**

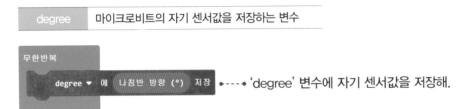

| degree | 마이크로비트의 자기 센서값을 저장하는 변수 |

‘degree’ 변수에 자기 센서값을 저장해.

02 논리 연산문 작성하기

▶ **논리 블록** 조건을 만족하면 조건 블록 안의 블록을 실행합니다.

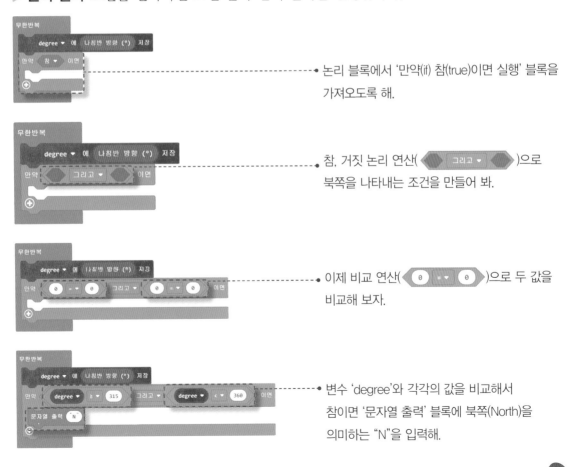

논리 블록에서 ‘만약(if) 참(true)이면 실행’ 블록을 가져오도록 해.

참, 거짓 논리 연산(그리고 ▼   )으로 북쪽을 나타내는 조건을 만들어 봐.

이제 비교 연산(0 = ▼ 0)으로 두 값을 비교해 보자.

변수 ‘degree’와 각각의 값을 비교해서 참이면 ‘문자열 출력’ 블록에 북쪽(North)을 의미하는 "N"을 입력해.

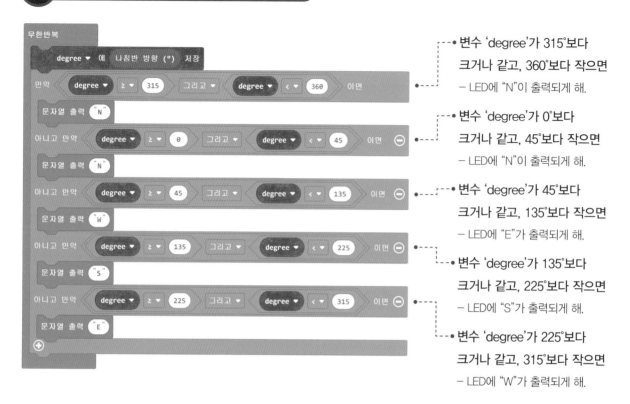

- 변수 'degree'가 315°보다 크거나 같고, 360°보다 작으면
  − LED에 "N"이 출력되게 해.

- 변수 'degree'가 0°보다 크거나 같고, 45°보다 작으면
  − LED에 "N"이 출력되게 해.

- 변수 'degree'가 45°보다 크거나 같고, 135°보다 작으면
  − LED에 "E"가 출력되게 해.

- 변수 'degree'가 135°보다 크거나 같고, 225°보다 작으면
  − LED에 "S"가 출력되게 해.

- 변수 'degree'가 225°보다 크거나 같고, 315°보다 작으면
  − LED에 "W"가 출력되게 해.

04 마이크로비트의 자기 센서를 활성화시켜 방향 출력하기

마이크로비트에 프로그램 파일을 업로드하면 "TILT TO FILL SCREEN" 이라는 문자열이 나와요. LED에서 불이 깜빡이는 쪽으로 마이크로비트를 기울여가면서 LED 스크린에 불이 들어오게 하세요. 모든 LED에 불이 들어오면 '행복함' 아이콘이 나타나고, 마이크로비트를 움직이면 방향을 의미하는 E(동), W(서), S(남), N(북)이 LED에 출력돼요. 북쪽이 어디인지 확인해 보세요.

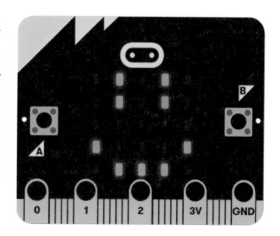

LED   자기 센서

6 확인해 보아요

완성된 프로그램을 실행해 보고, 실행 결과에 이상이 없는지 점검해 봅시다.

 42쪽 결과 예시와 비교하면서 실행해 봅시다.

동쪽을 향할 때

서쪽을 향할 때

남쪽을 향할 때

북쪽을 향할 때

지금 내가 서 있는 방향의 각도 값을 알려 주는 방향 알리미를 만들어 봅시다.

무한반복

degree ▼ 에 ⬭ 저장

수 출력 ⬭

 블록을

이용해 보세요.

점검하기 마카오톡 내용을 읽고, 활동을 마무리합시다.

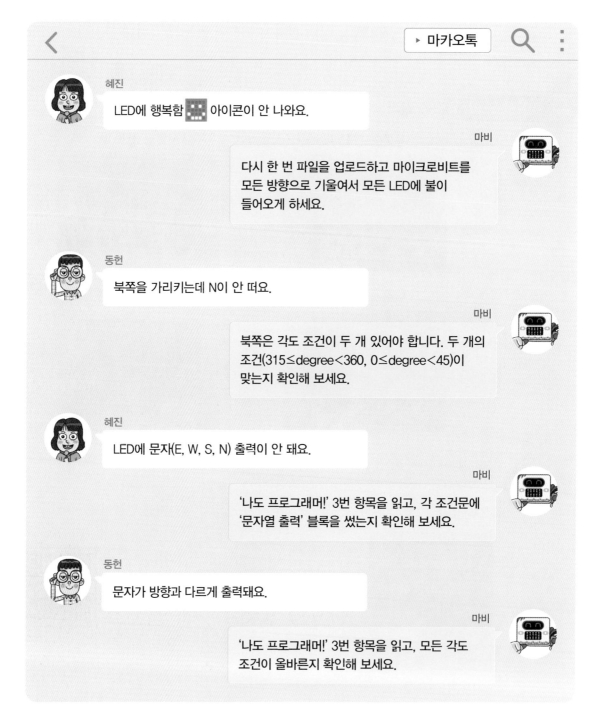

◀ 마카오톡

혜진

LED에 행복함 🔳 아이콘이 안 나와요.

마비

다시 한 번 파일을 업로드하고 마이크로비트를 모든 방향으로 기울여서 모든 LED에 불이 들어오게 하세요.

동헌

북쪽을 가리키는데 N이 안 떠요.

마비

북쪽은 각도 조건이 두 개 있어야 합니다. 두 개의 조건(315≤degree<360, 0≤degree<45)이 맞는지 확인해 보세요.

혜진

LED에 문자(E, W, S, N) 출력이 안 돼요.

마비

'나도 프로그래머!' 3번 항목을 읽고, 각 조건문에 '문자열 출력' 블록을 썼는지 확인해 보세요.

동헌

문자가 방향과 다르게 출력돼요.

마비

'나도 프로그래머!' 3번 항목을 읽고, 모든 각도 조건이 올바른지 확인해 보세요.

활동을 잘 마무리했다면
다음 활동으로
넘어가 볼까요?

4장 혼자 하는 가위바위보

이번에는 무엇을 할까요?

심심한데 혼자 무엇을 해야 할 지 고민해 본적이 있나요? 마이크로비트로 혼자서도
재미있게 놀 수 있는 방법을 찾아보세요.

이번 활동에서는 마이크로비트에 있는 25개의 LED와 랜덤 블록을 이용하여
마이크로비트와 내가 할 수 있는 가위바위보 게임을 만들어 보겠습니다.

2 준비를 해요

활동 목표

1. 마이크로비트를 흔들어 조건에 맞는 아이콘을 LED에 출력할 수 있다.
2. 조건문을 여러 개 사용할 수 있다.
3. 랜덤 블록을 사용할 수 있다.

준비물

컴퓨터

USB 케이블

마이크로비트

결과 예시 활동 결과 미리 보기입니다.

흔들어서 값이 0일 때	흔들어서 값이 1일 때	흔들어서 값이 2일 때

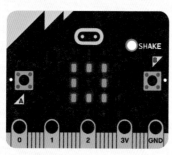

'주먹'에 해당하는 작은 사각형 아이콘을 출력합니다.

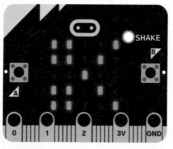

'가위'에 해당하는 가위 아이콘을 출력합니다.

'보'에 해당하는 사각형 아이콘을 출력합니다.

활동 시간은 30 분 정도 소요됩니다.

 책 속의 선생님 활동에 필요한 개념과 새로운 블록 설명입니다.

> 어떻게 마이크로비트로 가위바위보를 표현할 수 있을까?

> 가위바위보처럼 조건이 여러 개일 때는 어떻게 표현하지?

▶ 논리 **블록(조건/선택 실행)이란?**

마이크로비트에 조건이 참일 때와 거짓일 때 실행하는 블록입니다.

조건이 여러 개 있을 때에는 아래 더하기 버튼을 누르면 조건이 또 생깁니다.

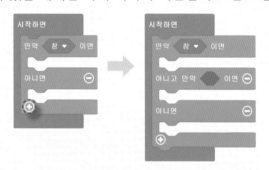

▶ **어떤 블록을 사용하나요?** ⊙ 입력 블록과 ▦ 계산 블록을 사용합니다.

블록	블록 설명
	마이크로비트에 입력되는 값에는 여러 가지가 있는데, 이번 장에서는 마이크로비트를 흔들면 실행되는 블록을 사용합니다. 
0 부터 10 까지의 정수 랜덤값	최솟값 이상 최댓값 이하 범위에서 랜덤(무작위)으로 숫자가 입력됩니다.

3 내가 할 일을 알아보아요

현재 상태와 목표 상태를 알아보고, 목표 상태까지 수행해야 할 작업 순서를 살펴봅시다.

현재 상태

가위바위보를 하고 싶은데
함께 할 친구가 없다.

목표 상태

마이크로비트와 함께
가위바위보를 한다.

수행해야 할 작업

❶ 0~2까지의 수를 변수에 입력받기
❷ 마이크로비트 흔들기
❸ 변숫값이 0이면 LED에 주먹 아이콘 나타내기
❹ 변숫값이 1이면 LED에 가위 아이콘 나타내기
❺ 변숫값이 2이면 LED에 보 아이콘 나타내기

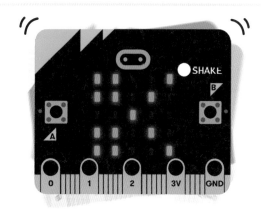

4 컴퓨터가 할 일을 알아보아요

프로그램을 작성하기 전에 컴퓨터가 어떤 일을 해야 하는지 살펴봅시다.

01
랜덤 값을 변수에
입력하기

02
조건에 맞는 조건식
작성하기

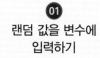

5 나도 프로그래머!

자, 지금까지 알아본 내용을 바탕으로 프로그램을 작성해 봅시다.

01 랜덤 값을 변수에 입력하기

▶ 변수 생성하기

| hand | 0~2까지의 정수 랜덤 값 |

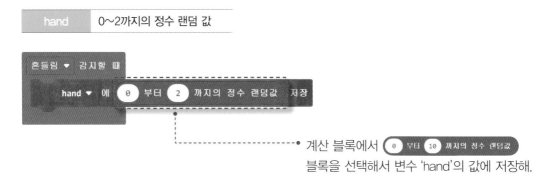

계산 블록에서 0 부터 10 까지의 정수 랜덤값 블록을 선택해서 변수 'hand'의 값에 저장해.

02 조건에 맞는 조건식 작성하기

• 변수 'hand'의 값이 0이면,
  – LED에 작은 사각형(주먹) 아이콘이 출력돼.

• 변수 'hand'의 값이 1이면,
  – LED에 가위 아이콘(가위)이 출력돼.

• 변수 'hand'의 값이 2이면,
  – LED에 사각형(보) 이이콘이 출력돼.

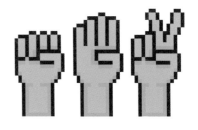

 **확인해 보아요**

완성된 프로그램을 실행해 보고, 실행 결과에 이상이 없는지 점검해 봅시다.

 **실행하기** 50쪽 결과 예시와 비교하면서 실행해 봅시다.

흔들어서 값이 0일 때	흔들어서 값이 1일 때	흔들어서 값이 2일 때

작은 사각형(주먹)이 나타납니다.	가위가 나타납니다.	사각형(보)이 나타납니다.

 한 걸음 더

본격적으로 게임을 시작하기 전에, 먼저 가위바위보 아이콘을 차례대로 LED에 출력해 봅시다.

기본 블록의 시작하면 블록과

아이콘 출력 ❖ ▾ 블록을

이용해 보세요.

점검하기 마카오톡 내용을 읽고, 활동을 마무리합시다.

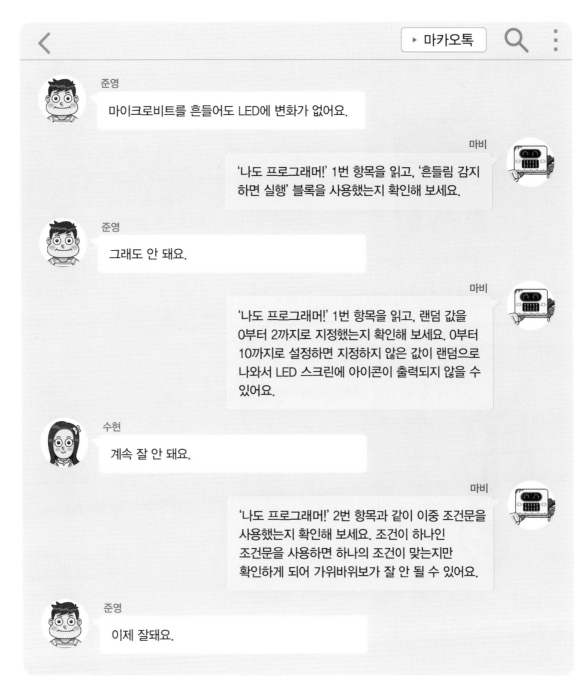

▸ 마카오톡

준영
마이크로비트를 흔들어도 LED에 변화가 없어요.

마비
'나도 프로그래머!' 1번 항목을 읽고, '흔들림 감지 하면 실행' 블록을 사용했는지 확인해 보세요.

준영
그래도 안 돼요.

마비
'나도 프로그래머!' 1번 항목을 읽고, 랜덤 값을 0부터 2까지로 지정했는지 확인해 보세요. 0부터 10까지로 설정하면 지정하지 않은 값이 랜덤으로 나와서 LED 스크린에 아이콘이 출력되지 않을 수 있어요.

수현
계속 잘 안 돼요.

마비
'나도 프로그래머!' 2번 항목과 같이 이중 조건문을 사용했는지 확인해 보세요. 조건이 하나인 조건문을 사용하면 하나의 조건이 맞는지만 확인하게 되어 가위바위보가 잘 안 될 수 있어요.

준영
이제 잘돼요.

활동을 잘 마무리했다면
다음 활동으로
넘어가 볼까요?

마이크로비트를 활용한 메이커 활동
얼마나 기울였는지 알 수 있어요! 기울기 센서

1 마이크로비트의 기울기 센서는 무엇인가요?

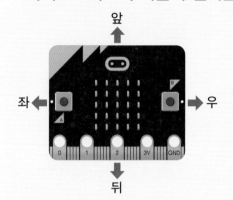

마이크로비트에는 좌우 앞뒤로 얼마나 기울였는지 확인할 수 있는 기울기 센서가 장착되어 있어요.

기울기 센서는 가속도 센서와 동일한 센서로, 가속도 센서를 통해 얻은 가속도 값을 이용하여 좌우 앞뒤의 기울임을 °(도) 단위로 나타낸 것이 기울기 센서랍니다

마이크로비트와 기울기 센서를 활용한 작품들을 살펴볼까요?

2 마이크로비트의 기울기 센서를 이용하여 만든 작품에는 어떤 것이 있나요?

넘어지지 않는 마이크로비트 로봇

두 바퀴로 균형을 잡는 로봇!

마이크로비트의 기울기 센서를 이용하면 바퀴 두 개만으로 스스로 균형을 잡아 서 있는 로봇을 만들 수 있어요.

왼쪽의 작품은 마이크로비트의 기울기 센서와 360도 서보모터를 이용하여 만든 로봇이 스스로 균형을 잡고 있는 모습입니다.

우리 강아지, 까꿍!

고개를 갸웃거리는 종이 인형!

주인이 갸웃거리는 모습을 쳐다보며 따라하는 강아지가 너무 귀엽다고요? 마이크로비트의 기울기 센서를 이용하면 고개를 갸웃거리는 강아지를 만들 수 있어요.

오른쪽의 작품은 마이크로비트의 기울기 센서와 180도 서보모터를 이용하여 고개를 갸웃거리는 종이 인형을 만든 모습입니다.

5장 우리 집에 새 피아노가?

① 이번에는 무엇을 할까요?

피아노로 동요를 연주하듯이 마이크로비트로도 '도레미파솔라시도' 음계를 연주할 수 있습니다. 스스로 연주하는 마이크로비트를 만들어 볼까요?

이번 활동에서는 마이크로비트에 있는 음 주파수와 길이를 이용하여,
동요 '작은 별' 노래와 '생일 축하 노래' 멜로디를 연주해 보겠습니다.

 **준비를 해요**

 **활동 목표**
1. 마이크로비트의 소리 출력(Hz) 블록과 박자 블록을 사용할 수 있다.
2. 마이크로비트의 음악 블록을 사용하여 멜로디를 연주할 수 있다.

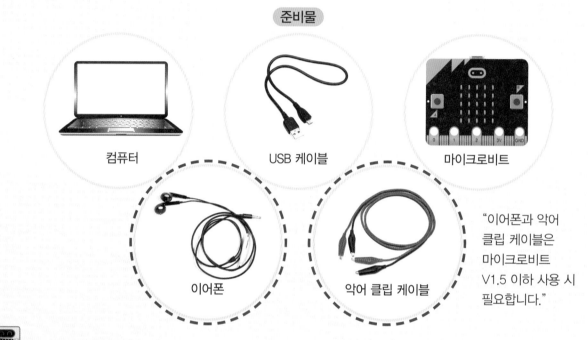

준비물

컴퓨터

USB 케이블

마이크로비트

이어폰

악어 클립 케이블

"이어폰과 악어 클립 케이블은 마이크로비트 V1.5 이하 사용 시 필요합니다."

결과 예시 활동 결과 미리 보기입니다.

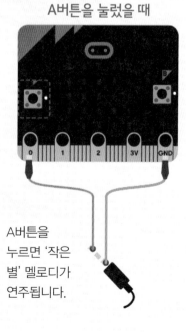

A버튼을 눌렀을 때

B버튼을 눌렀을 때

A버튼을 누르면 '작은 별' 멜로디가 연주됩니다.

B버튼을 누르면 '생일 축하 노래' 멜로디가 무한 반복하여 연주됩니다.

활동 시간은 **30** 분 정도 소요됩니다.

 **책 속의 선생님** 활동에 필요한 개념과 새로운 블록 설명입니다.

이어폰 잭은 어떻게 사용하지?

▶ **이어폰 잭이 뭐예요?**

- 이어폰 잭에는 4개의 구분선이 있습니다.
- 이어폰 잭의 그라운드(GND), 마이크(MIC),
  라이트(RIGHT), 레프트(LEFT)와 악어 클립을
  마이크로비트와 연결하면 이어폰에서 소리를 들을 수 있습니다.

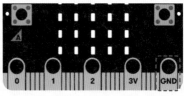
- 그라운드
- 마이크
- 라이트
- 레프트

▶ **그라운드(GND)가 뭐예요?**

- 접지 또는 영어로 어스(Earth)라고도 하며,
  전기 회로나 전기 기기 따위를 도체로 땅에
  연결하는 것을 말합니다
- 건전지를 보면 (⊕)극과 (⊖)극이 있는데, (⊖)극을
  그라운드라고 할 수 있습니다.

▲ 마이크로비트 그라운드(GND)

▶ **어떤 블록을 사용하나요?**

- 🎧 음악   블록을 사용합니다.
- 🎧 음악   블록은 마이크로비트의 음 주파수와 박자 길이 블록을 이용하여 소리를 출력합니다.

블록	블록 설명
도 1 ▼ 박자 연주	소리의 음 주파수(계이름)를 선택한 박자 길이동안 출력하는 블록입니다.
도 (Hz) 소리 내기	소리의 음 주파수(계이름)를 정지 명령이 주어지기 전까지 계속 출력합니다.
rest(ms) 1 ▼ 박자	선택한 박자동안 소리를 출력하지 않습니다.
다다둠 멜로디 ▼ 한 번 ▼ 출력	내장된 멜로디를 한 번/무한 반복 출력합니다.

③ 내가 할 일을 알아보아요

현재 상태와 목표 상태를 알아보고, 목표 상태까지 수행해야 할 작업 순서를 살펴봅시다.

현재 상태
'작은 별'과 '생일 축하 노래'
멜로디 연주를 듣고 싶다.

목표 상태
마이크로비트로
멜로디 연주를 듣는다.

수행해야 할 작업

❶ 동요 '작은 별' 악보 계이름 알아보기

❷ A와 B버튼 누르기

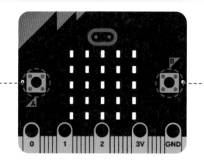

A버튼을 누르면 동요
'작은 별' 멜로디 연주
하기

B버튼을 누르면
'생일 축하 노래' 멜로디를
무한 반복하여 연주하기

④ 컴퓨터가 할 일을 알아보아요

프로그램을 작성하기 전에 컴퓨터가 어떤 일을 해야 하는지 살펴봅시다.

01
A버튼을 누르면 '작은 별'
멜로디 연주하기

02
B버튼을 누르면 '생일 축하 노래'
멜로디를 무한 반복하여 연주하기

🎛 하드웨어를 구성해 보아요

마이크로비트 P0(0번 핀)는 이어폰 레프트에, GND는 이어폰 그라운드에 악어 클립
케이블을 연결합니다.

"마이크로비트 버전 2.0 이상에서는 연결하지 않아도 됩니다."

5 나도 프로그래머!

자, 지금까지 알아본 내용을 바탕으로 프로그램을 작성해 봅시다.

동요 '작은 별' 악보 계이름 알아보기

작은 별

윤석중요
모짜르트 곡

반짝 반짝 작은 별 아름 답게

비치네 동쪽 하늘 에서 도

서쪽 하늘 에서 도 반짝 반짝

작은 별 아름 답게 비치네

프로그래밍하기 전에
계이름을 적어 보세요.

가사 반짝 반짝 작은 별 아름답게 비치네, 동쪽 하늘에서도,
계이름 도도 솔솔 라라 솔 파파미미 레레도 솔솔 파파미미레

가사 서쪽 하늘에서도, 반짝 반짝 작은 별 아름답게 비치네
계이름 솔솔 파파미미레 도도 솔솔 라라 솔 파파미미 레레도

01 A버튼을 누르면 '작은 별' 멜로디 연주하기

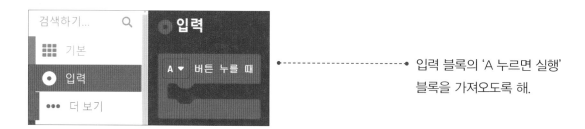

입력 블록의 'A 누르면 실행' 블록을 가져오도록 해.

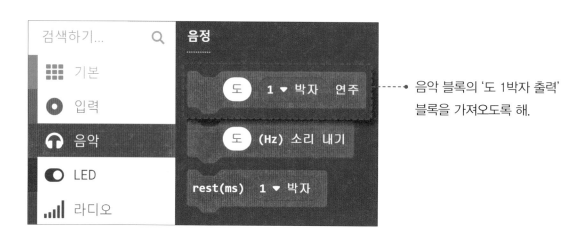

음악 블록의 '도 1박자 출력' 블록을 가져오도록 해.

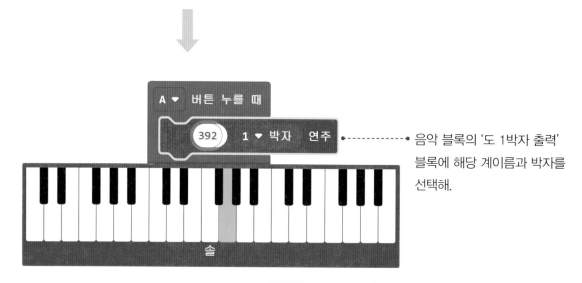

음악 블록의 '도 1박자 출력' 블록에 해당 계이름과 박자를 선택해.

15장 154쪽 음계에 따른 주파수 표를 참고하세요. 일반적인 '솔'음의 주파수는 반올림하여 392에 해당합니다.

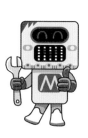

A ▼ 버튼 누를 때

도	1 ▼ 박자	연주
도	1 ▼ 박자	연주
솔	1 ▼ 박자	연주
솔	1 ▼ 박자	연주
라	1 ▼ 박자	연주
라	1 ▼ 박자	연주
솔	2 ▼ 박자	연주
파	1 ▼ 박자	연주
파	1 ▼ 박자	연주
미	1 ▼ 박자	연주
미	1 ▼ 박자	연주
레	1 ▼ 박자	연주
레	1 ▼ 박자	연주
도	2 ▼ 박자	연주
솔	1 ▼ 박자	연주
솔	1 ▼ 박자	연주
파	1 ▼ 박자	연주
파	1 ▼ 박자	연주
미	1 ▼ 박자	연주
미	1 ▼ 박자	연주
레	2 ▼ 박자	연주

솔	1 ▼ 박자	연주
솔	1 ▼ 박자	연주
파	1 ▼ 박자	연주
파	1 ▼ 박자	연주
미	1 ▼ 박자	연주
미	1 ▼ 박자	연주
레	2 ▼ 박자	연주
도	1 ▼ 박자	연주
도	1 ▼ 박자	연주
솔	1 ▼ 박자	연주
솔	1 ▼ 박자	연주
라	1 ▼ 박자	연주
라	1 ▼ 박자	연주
솔	2 ▼ 박자	연주
파	1 ▼ 박자	연주
파	1 ▼ 박자	연주
미	1 ▼ 박자	연주
미	1 ▼ 박자	연주
레	1 ▼ 박자	연주
레	1 ▼ 박자	연주
도	2 ▼ 박자	연주

•········► '도 1박자 출력' 블록을 계속
아래로 복사하여 왼쪽 그림처럼
해당 계이름과 박자로
수정해 봐.

왼쪽 블록 밑으로
오른쪽 블록을 계속
연결하세요.

02 B버튼을 누르면 '생일 축하 노래' 멜로디를 무한 반복하여 연주하기

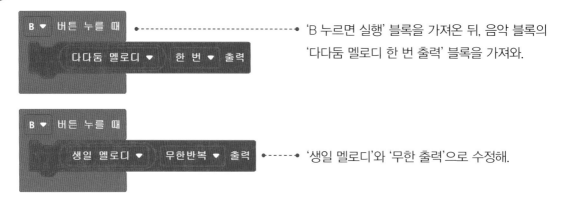

'B 누르면 실행' 블록을 가져온 뒤, 음악 블록의 '다다둠 멜로디 한 번 출력' 블록을 가져와.

'생일 멜로디'와 '무한 출력'으로 수정해.

6 확인해 보아요

완성된 프로그램을 실행해 보고, 실행 결과에 이상이 없는지 점검해 봅시다.

 58쪽 결과 예시와 비교하면서 실행해 봅시다.

A버튼을 눌렀을 때	B버튼을 눌렀을 때
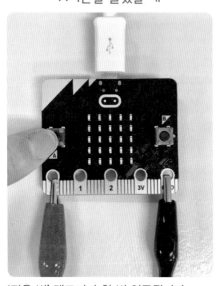	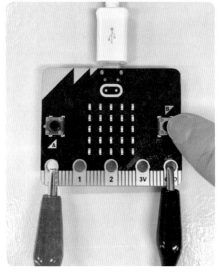
'작은 별' 멜로디가 한 번 연주됩니다.	'생일 축하 노래' 멜로디가 무한 반복하여 연주됩니다.

한 걸음 더

마이크로비트에 있는 음악 블록을 이용하여, '학교종' 동요를 연주해 봅시다.

학 교 종

학 교 종 이 땡 땡 땡   어 서 모 이 자

선 생 님 이 우 리 를   기 다 리 신 다
사 이 좋 게 오 늘 도   공 부 잘 하 자

가사 학교종이 땡땡땡 어서 모이자
계이름 솔 솔 라 라 솔 솔 미 솔 솔 미 미 레

가사 선생님이 우리를 기다 리신다
계이름 솔 솔 라 라 솔 솔 미 솔 미 레 미 도

3박자와 쉼표 표현을 할 때 다음 블록을 사용합니다.

블록	상세 블록	설명
🎧 음악	1 ▼ 박자	박자를 설정합니다.
	rest(ms) 1 ▼ 박자	설정한 박자만큼 쉽니다.
🖩 계산	0 + ▼ 0	원하는 박자를 설정하기 위해 사용하는 연산 블록입니다.

레 2 ▼ 박자 + ▼ 1 ▼ 박자 연주 ·····▶ '레'음을 3박자 연주합니다.

rest(ms) 1 ▼ 박자 ·····▶ 1박자 쉽니다.

이 블록을 사용하세요.

 **점검하기** 마카오톡 내용을 읽고, 활동을 마무리합시다.

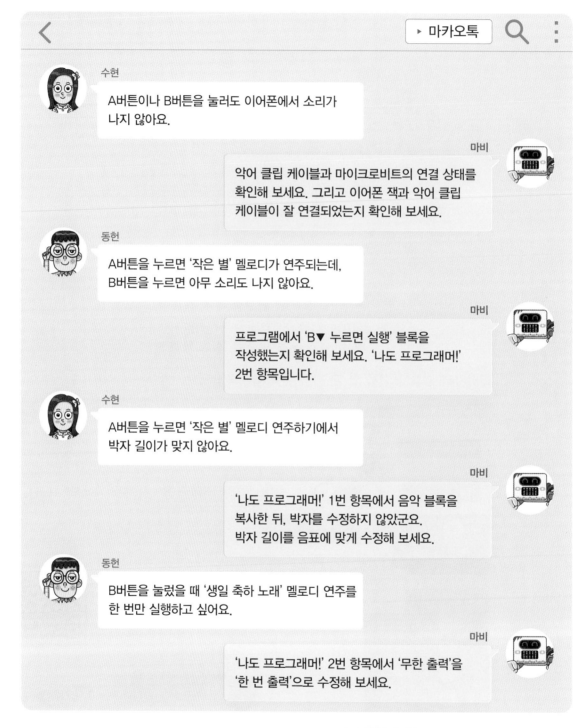

> ▶ 마카오톡

수현
A버튼이나 B버튼을 눌러도 이어폰에서 소리가 나지 않아요.

마비
악어 클립 케이블과 마이크로비트의 연결 상태를 확인해 보세요. 그리고 이어폰 잭과 악어 클립 케이블이 잘 연결되었는지 확인해 보세요.

동헌
A버튼을 누르면 '작은 별' 멜로디가 연주되는데, B버튼을 누르면 아무 소리도 나지 않아요.

마비
프로그램에서 'B▼ 누르면 실행' 블록을 작성했는지 확인해 보세요. '나도 프로그래머!' 2번 항목입니다.

수현
A버튼을 누르면 '작은 별' 멜로디 연주하기에서 박자 길이가 맞지 않아요.

마비
'나도 프로그래머!' 1번 항목에서 음악 블록을 복사한 뒤, 박자를 수정하지 않았군요. 박자 길이를 음표에 맞게 수정해 보세요.

동헌
B버튼을 눌렀을 때 '생일 축하 노래' 멜로디 연주를 한 번만 실행하고 싶어요.

마비
'나도 프로그래머!' 2번 항목에서 '무한 출력'을 '한 번 출력'으로 수정해 보세요.

활동을 잘 마무리했다면 다음 활동으로 넘어가 볼까요?

6장 온도가 몇 도예요?

LED   버튼   온도 센서

1 이번에는 무엇을 할까요?

지구의 기온이 높아지는 현상인 온난화의 영향으로 여름철 기온이 점점 높아지고 있습니다. 온도계를 사용하지 않고 현재 온도를 알 수 있는 방법은 없을까요?

이번 활동에서는 마이크로비트에 있는 온도 센서로 온도를 측정해 보고, 측정한 온도 값이 LED에 표시되도록 만들어 보겠습니다.

2 준비를 해요

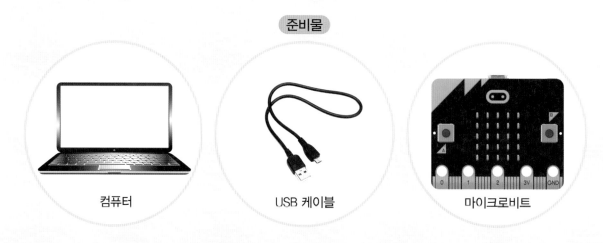

활동 목표

1. 온도 센서값을 측정할 수 있다.
2. 마이크로비트의 온도 센서 블록을 사용하여 현재 온도를 측정할 수 있다.

준비물

컴퓨터	USB 케이블	마이크로비트

결과 예시

활동 결과 미리 보기입니다.

자동 실행

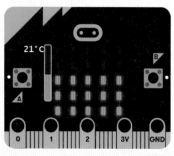

온도 센서값에 따라 LED 차트가
나타납니다.

A버튼을 눌렀을 때

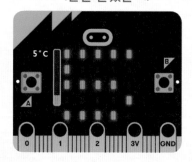

A버튼을 누르면 온도 센서값을
측정하여 LED에 표시합니다.

활동 시간은 30 분 정도 소요됩니다.

 **책 속의 선생님** 활동에 필요한 개념과 새로운 블록 설명입니다.

온도 센서는
어떤 역할을 할까?

▶ **온도 센서가 뭐예요?**

• 온도는 다양한 종류의 센서에 의하여 측정될 수 있습니다.

• 온도 센서는 아날로그 방식으로 측정 대상과 직접 접촉하여 감지하거나
측정 대상이 방출하는 에너지를 감지하는 역할을 합니다.

• 마이크로비트는 온도 센서를 가지고 있으며, 이것으로 주변의 온도를
측정할 수 있습니다.

▶ **어떤 블록을 사용하나요?**

• ⊙ 입력 블록을 사용합니다.

• ⊙ 입력 블록은 버튼 누르기나 센서값을 측정하는 블록을 포함하고 있습니다.

블록	블록 설명
A ▼ 버튼 누를 때	A버튼을 누르면 실행하는 블록입니다.
온도 (°C)	온도 센서값을 측정하는 블록입니다.

온도나 빛의 양과 같이 연속적으로 변화하는 값을
표현하는 방식을 아날로그라고 합니다.

3 내가 할 일을 알아보아요

현재 상태와 목표 상태를 알아보고, 목표 상태까지 수행해야 할 작업 순서를 살펴봅시다.

현재 상태
현재 온도를 알 수 없다.

목표 상태
현재 온도를 측정할 수 있는 온도계를 만들어 현재 온도를 측정한다.

수행해야 할 작업

❶ 변수를 만들어 온도 센서값 저장하기

❷ 무한 반복 실행하여 저장된 온도 센서값을 LED 차트로 나타내기

❸ A버튼을 누르면 온도 센서값을 LED에 나타내기

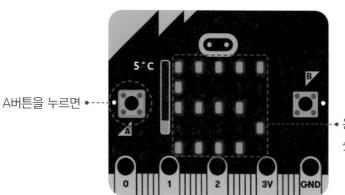

A버튼을 누르면 ● - - -

온도 센서값을 LED에 숫자로 나타내기

4 컴퓨터가 할 일을 알아보아요

프로그램을 작성하기 전에 컴퓨터가 어떤 일을 하는지 살펴봅시다.

 01
변수 'reading'을 생성하여 온도 센서값 저장하기

 02
무한 반복 실행하여 온도 센서값을 LED 차트로 나타내기

 03
A버튼을 누르면 온도 센서값을 LED에 출력하기

5 나도 프로그래머!

자, 지금까지 알아본 내용을 바탕으로 프로그램을 작성해 봅시다.

01 변수 'reading'을 생성하여 온도 센서값 저장하기

▶ 변수 생성하기

reading	온도 센서값을 저장할 변수

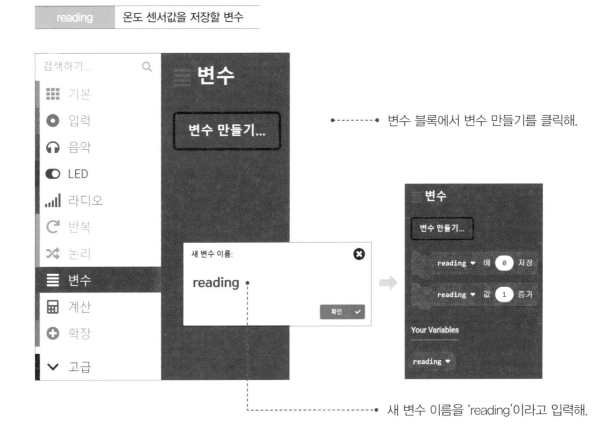

변수 블록에서 변수 만들기를 클릭해.

새 변수 이름을 'reading'이라고 입력해.

▶ 온도 센서값 저장하기

'무한반복' 블록에 '온도' 블록을
가져와서 변수 'reading'에 저장해.

02 무한 반복 실행하여 온도 센서값을 LED 차트로 나타내기

▶ LED 블록 불러오기

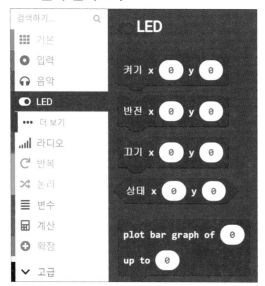

▶ 차트 블록 가져오기

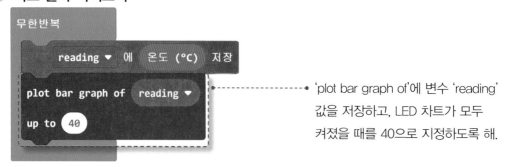

'plot bar graph of'에 변수 'reading'
값을 저장하고, LED 차트가 모두
켜졌을 때를 40으로 지정하도록 해.

03 A버튼을 누르면 온도 센서값을 LED에 출력하기

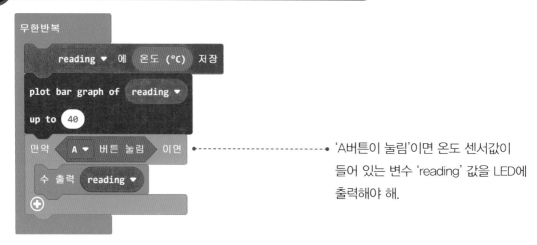

'A버튼이 눌림'이면 온도 센서값이
들어 있는 변수 'reading' 값을 LED에
출력해야 해.

6 확인해 보아요

완성된 프로그램을 실행해 보고, 실행 결과에 이상이 없는지 점검해 봅시다.

 **실행하기** 68쪽 결과 예시와 비교하면서 실행해 봅시다.

자동 실행

A버튼을 눌렀을 때

온도 센서값에 따라 LED 차트가 나타납니다.

온도 센서값(26)이 한 자리씩 LED에 나타납니다.

 한 걸음 더

온도 센서값을 LED에 표시하는 것을 만들어 보았습니다. 이제 B버튼을 눌렀을 때 온도 센서값이 30℃(도)보다 크거나 같으면 "HOT"라는 문자를 LED에 출력해 봅시다.

문자열 출력 "   "

이 블록을 활용하세요.

 **점검하기** 마카오톡 내용을 읽고, 활동을 마무리합시다.

▶ 마카오톡 🔍 ⋮

 혜진
마이크로비트 LED에 불이 들어오지 않아요.

마비
LED에 불이 들어오려면 전원 공급이 되어야 합니다. 컴퓨터와 연결된 USB 케이블이 마이크로비트에 잘 연결되었는지 확인해 보세요.

 준영
LED의 불이 모두 켜졌을 때의 값을 40이 아닌 다른 값으로 변경해도 되나요?

마비
변경할 수 있어요. 현재 주변 온도가 낮은 곳에 마이크로비트가 있다면 차트 내용을 확인하기 위해서 40보다 작은 숫자를 입력하면 됩니다. '나도 프로그래머!' 2번 항목에서 변경하세요.

 혜진
A버튼을 누르면 온도 값이 나오지 않아요.

마비
'나도 프로그래머!' 3번 항목에서 '수 출력' 블록의 변수 블록을 올바르게 지정했는지 확인해 보세요.

 준영
A버튼을 누르면 온도 센서값이 두 자리인데, 어떻게 볼 수 있나요?

마비
마이크로비트의 LED에서 표현할 수 있는 수는 한 자릿수이기 때문에 두 자리 이상의 수는 한 자리씩 옆으로 이동하면서 보입니다.

 활동을 잘 마무리했다면 다음 활동으로 넘어가 볼까요?

7장 스마트 LED

1 이번에는 무엇을 할까요?

낮에는 꺼져 있던 가로등이 어두워지면 자동으로 켜집니다. 이처럼 어두워질 때 가로등이 자동으로 켜지게 하려면 어떻게 해야 할까요?

어두워지니까 LED 가로등이 켜지네?

저 LED 가로등은 어두워지면 자동으로 불이 켜지는데, 어떻게 켜지는 거지?

곰곰~

한번 알아볼까?

빛의 밝기를 측정할 수 있는 센서를 이용해 보면 어떨까?

짜잔!

이번 활동에서는 마이크로비트에 있는 빛 센서로 빛의 밝기를 측정해 보고, 측정한 센서값에 따라 LED가 켜지거나 꺼지도록 만들어 보겠습니다.

교과서 연계 씨마스 중학교 정보 교과서 활용 문제

 **2** 준비를 해요

활동 목표

1. 빛 센서값을 측정할 수 있다.
2. 빛 센서값에 따라 마이크로비트 LED를 제어할 수 있다.
3. 스마트 LED를 만들 수 있다.

준비물

| 컴퓨터 | USB 케이블 | 마이크로비트 |

| LED | 악어 클립 케이블 |

 **결과 예시** 활동 결과 미리 보기입니다.

자동 실행 | A버튼을 눌렀을 때

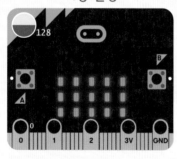 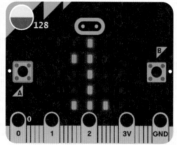

빛 센서값에 따라 LED 차트가
나타납니다.

A버튼을 누르면 빛센서의
값을 측정하여 LED에 표시
합니다.

활동 시간은
30 분 정도
소요됩니다.

 **책 속의 선생님** 활동에 필요한 개념과 새로운 블록 설명입니다.

 빛 센서는 어떤 역할을 할까?

 LED가 뭐지?

▶ 빛 센서가 뭐예요?

- 빛 센서는 온도 센서처럼 아날로그 방식으로 빛의 양을 감지할 수 있는 센서로, 빛 센서로 측정한 값은 주변이 밝을수록 값이 커지고 어두울수록 값이 작아집니다.
- 마이크로비트는 LED 스크린 빛 센서를 내장하고 있습니다. 빛 센서로 읽어 들인 빛의 밝기는 0(어두움) ~ 255(가장 밝음) 범위로 변환해 읽어옵니다.

▶ LED가 뭐예요?

- LED(Light-Emitting Diode)란 전기가 통하면 빛을 내는 부품을 말합니다.
- LED 등은 일반 전등에 비해 밝기가 밝지만 전기 사용량은 적습니다. 또한, 수명도 길어 형광등을 LED 등으로 교체하고 있습니다.

▶ 그렇다면 LED는 어떻게 생겼나요?

- 다리가 2개이고, 머리 부분은 투명하게 생겼습니다.
- LED의 다리는 길이가 서로 다른데, 다리가 긴 쪽이 (⊕)극이고 짧은 쪽은 (⊖)극입니다.

LED를 전지와 연결할 때에는 (⊕)극과 (⊖)극을 주의해야 합니다. 거꾸로 연결하면 LED가 고장날 수 있어요.

▶ 어떤 블록을 사용하나요?

- ⊙ 입력 블록을 사용합니다.

블록	블록 설명
빛 밝기	빛 센서값을 측정하는 블록입니다.

③ 내가 할 일을 알아보아요

현재 상태와 목표 상태를 알아보고, 목표 상태까지 수행해야 할 작업 순서를 살펴봅시다.

현재 상태

외부에 연결된 LED 등을
수동으로 켜고 꺼야 한다.

목표 상태

외부에 연결된 LED 등이
외부 밝기에 따라
자동으로 켜지고 꺼진다.

수행해야 할 작업

❶ 변수를 만들어 빛 센서값 저장하기

❷ 무한 반복 실행하여 저장된 빛 센서값을 LED 차트로 나타내기

❸ 빛 센서값이 15이하이면 외부에 연결된 LED에 불이 켜지게 하기

❹ A버튼을 누르면 빛 센서값을 LED에 나타내기

A버튼을 누르면 •······

빛 센서값을 LED에
숫자로 나타내기

④ 컴퓨터가 할 일을 알아보아요

프로그램을 작성하기 전에 컴퓨터가 어떤 일을 해야 하는지 살펴봅시다.

01
변수 'reading'을
생성하여 빛 센서값
저장하기

02
무한 반복 실행하여
빛 센서값을 LED
차트로 나타내기

03
빛 센서값이 15이하이면
외부에 연결된 LED에
불이 켜지게 하기

04
A버튼을 누르면
LED에 빛 센서값
출력하기

하드웨어를 구성해 보아요

악어 클립 케이블을 이용하여 P0(0번 핀)는 LED의 (⊕)극에,
GND는 LED의 (⊖)극에 연결합니다.

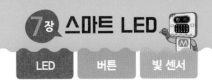
5 나도 프로그래머!

자, 지금까지 알아본 내용을 바탕으로 프로그램을 작성해 봅시다.

01 변수 'reading'을 생성하여 빛 센서값 저장하기

▶ 변수 생성하기

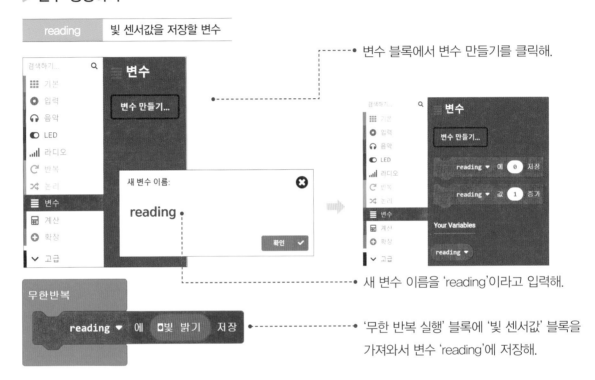

| reading | 빛 센서값을 저장할 변수 |

• 변수 블록에서 변수 만들기를 클릭해.

• 새 변수 이름을 'reading'이라고 입력해.

• '무한 반복 실행' 블록에 '빛 센서값' 블록을 가져와서 변수 'reading'에 저장해.

02 무한 반복 실행하여 빛 센서값을 LED 차트로 나타내기

▶ LED 블록 불러오기

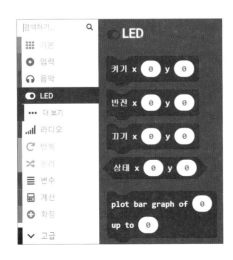

▶ **차트 블록 가져오기**

'LED 차트: 표현할 값'에 변수 'reading'값을
저장하고, LED 차트가 모두 켜졌을 때를
255로 지정하도록 해.

03 빛 센서값이 15 이하이면 외부에 연결된 LED에 불이 켜지게 하기

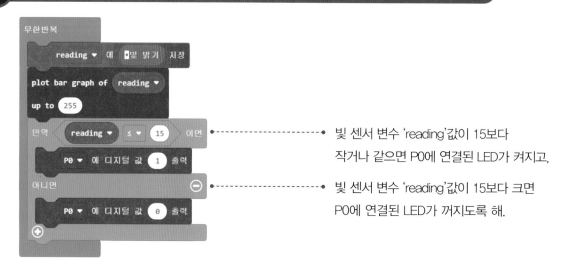

빛 센서 변수 'reading'값이 15보다
작거나 같으면 P0에 연결된 LED가 켜지고,

빛 센서 변수 'reading'값이 15보다 크면
P0에 연결된 LED가 꺼지도록 해.

04 A버튼을 누르면 LED에 빛 센서값 출력하기

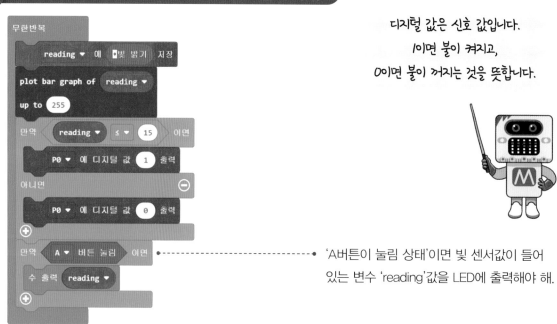

디지털 값은 신호 값입니다.
1이면 불이 켜지고,
0이면 불이 꺼지는 것을 뜻합니다.

'A버튼이 눌림 상태'이면 빛 센서값이 들어
있는 변수 'reading'값을 LED에 출력해야 해.

6 확인해 보아요

완성된 프로그램을 실행해 보고, 실행 결과에 이상이 없는지 점검해 봅시다.

 **실행하기** 76 쪽 결과 예시와 비교하면서 실행해 봅시다.

자동 실행

A버튼을 눌렀을 때

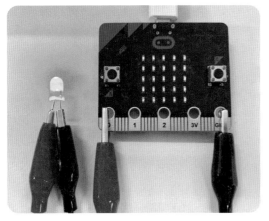

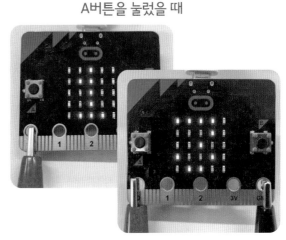

빛 센서값이 15보다 작거나 같으면 LED에 불이 켜집니다.

빛 센서값(13)이 한 자리씩 나타납니다.

 **한 걸음 더**

빛 센서값에 따라 LED를 켜고 끄는 것을 만들어 보았습니다. 이제 빛 센서값에 따라 외부에 연결된 LED의 밝기를 조절하는 것을 만들어 봅시다.

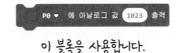

이 블록을 사용합니다.

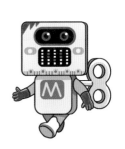

점검하기

마카오톡 내용을 읽고, 활동을 마무리합시다.

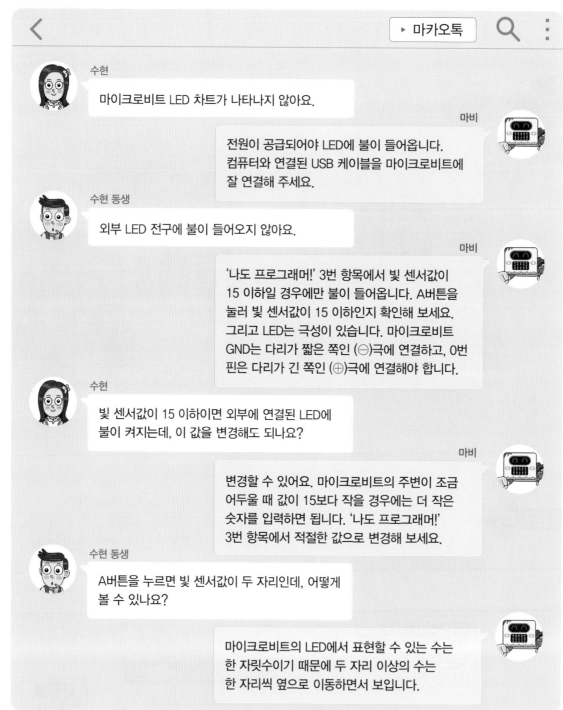

수현
마이크로비트 LED 차트가 나타나지 않아요.

마비
전원이 공급되어야 LED에 불이 들어옵니다.
컴퓨터와 연결된 USB 케이블을 마이크로비트에
잘 연결해 주세요.

수현 동생
외부 LED 전구에 불이 들어오지 않아요.

마비
'나도 프로그래머!' 3번 항목에서 빛 센서값이
15 이하일 경우에만 불이 들어옵니다. A버튼을
눌러 빛 센서값이 15 이하인지 확인해 보세요.
그리고 LED는 극성이 있습니다. 마이크로비트
GND는 다리가 짧은 쪽인 (⊖)극에 연결하고, 0번
핀은 다리가 긴 쪽인 (⊕)극에 연결해야 합니다.

수현
빛 센서값이 15 이하이면 외부에 연결된 LED에
불이 켜지는데, 이 값을 변경해도 되나요?

마비
변경할 수 있어요. 마이크로비트의 주변이 조금
어두울 때 값이 15보다 작을 경우에는 더 작은
숫자를 입력하면 됩니다. '나도 프로그래머!'
3번 항목에서 적절한 값으로 변경해 보세요.

수현 동생
A버튼을 누르면 빛 센서값이 두 자리인데, 어떻게
볼 수 있나요?

마비
마이크로비트의 LED에서 표현할 수 있는 수는
한 자릿수이기 때문에 두 자리 이상의 수는
한 자리씩 옆으로 이동하면서 보입니다.

활동을 잘 마무리했다면
다음 활동으로
넘어가 볼까요?

마이크로비트를 활용한 메이커 활동
반짝반짝 빛나는 네오픽셀 LED와 마이크로비트의 만남!

1 네오픽셀 LED는 무엇인가요?

네오픽셀 LED는 다양한 색을 나타낼 수 있는 LED입니다.
네오픽셀 LED는 여러 개를 연결할 수 있어 다양한 모양을 만들 수 있습니다.

Q 마이크로비트의 LED는 다양한 색의 빛을 나타낼 수 없나요?

A 마이크로비트의 기본 LED는 빨간 불빛만을 나타낼 수 있지만, 네오픽셀 LED를 마이크로비트와 연결하면 다양한 색의 빛을 나타낼 수 있습니다.

2 마이크로비트와 네오픽셀 LED를 이용한 작품에는 어떤 것이 있나요?

스마트 칫솔

Q 치과에 갔더니 양치질은 3분 동안 꼼꼼히 해야 한다고 하셨어요. 올바른 양치 습관을 길러 주는 장치를 마이크로비트로 만들 수 있을까요?

A 3분 동안 양치질을 하는 데 3분이란 시간을 확인하는 일이 불편했던 학생들이 3분을 재어 주는 스마트 칫솔을 만들었습니다.

운동 타이머

Q 컴퓨터 앞에 오래 앉아 있었더니 온몸이 뻐근해요. 목표를 정해 운동할 수 있는 방법이 있을까요?

A 운동화와 운동복에 시간을 표시해 주는 장치를 만들어 목표를 정해 운동할 수 있도록 하였습니다.

골든 타이머

Q 심폐 소생술의 골든타임은 6분이라고 해요. 사람들에게 골든타임의 중요성을 알리기 위해서 어떤 작품을 만들 수 있을까요?

A 응급 처치 골든타임이 6분임을 알려 주는 골든 타이머를 만들고, 세월호 노란 리본 운동 콘셉트로 작품을 디자인하여 세월호 희생자들을 추모하는 의미를 담았습니다.

컴퓨터 중독 방지 장치

Q 시간 가는 줄 모르고 컴퓨터 게임을 한 적이 있지 않나요? 컴퓨터 게임에 중독되는 것을 방지하려면 어떻게 해야 할까요?

A 컴퓨터 게임에 중독되는 일을 막기 위해 컴퓨터를 한지 1시간이 지나면 모니터에 붙인 네오픽셀 LED에서 컴퓨터를 그만하라는 신호를 나타내어 주는 장치를 만들었습니다.

안전 신호등

Q 신호등을 건널 때 스마트폰을 보고 걷다가 자동차와 부딪히는 사고가 종종 일어나고 있습니다. 이를 예방하기 위한 방법으로 무엇을 만들었나요?

A 바닥에 네오픽셀 LED로 만든 신호등을 설치하여 이런 사고를 막고자 하였습니다.

마음의 램프

Q 색의 에너지와 성질을 사람의 마음을 치유하는 데 사용하는 것을 컬러 테라피라고 합니다. 컬러 테라피를 활용하여 무엇을 만들었나요?

A 기분에 맞게 색을 바꿀 수 있는 램프를 만들어서 마음을 달래거나, 스트레스를 줄여줄 수 있는 장치를 만들었습니다.

LED 돗자리

Q 더운 여름, 강 주변에서 돗자리를 펴고 시원한 강바람을 쐰 경험이 있나요? 어두운 밤에도 돗자리를 쉽게 찾을 수 있도록 무엇을 만들었나요?

A 돗자리 주변에 네오픽셀 LED를 붙이면 어두운 밤에도 가족들이 모여 있는 돗자리를 쉽게 찾을 수 있습니다.

LED | 버튼 | 모터

① 이번에는 무엇을 할까요?

더운 여름날 부채질을 하면서, 휴대가 간편한 선풍기를 생각해 본 적이 있나요? 휴대용 선풍기를 만들기 위해서는 어떤 부품들이 필요할까요? 그리고 어떻게 만들어 볼지 생각해 보아요.

이번 활동에서는 마이크로비트와 DC모터를 이용하여
휴대용 선풍기를 만들어 보겠습니다.

2 준비를 해요

활동 목표

1. 모터 드라이브를 제어할 수 있다.
2. DC모터와 모터 드라이브를 마이크로비트와 연결할 수 있다.

준비물

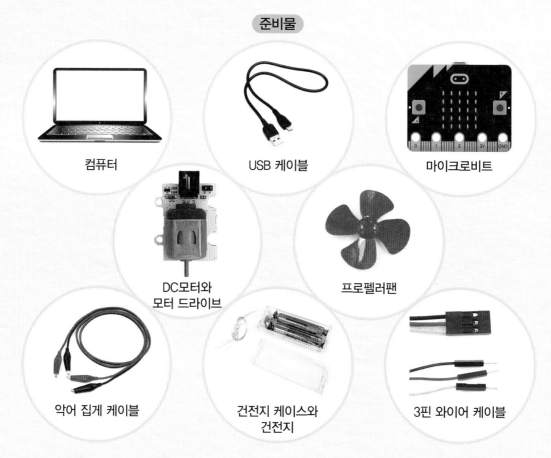

컴퓨터

USB 케이블

마이크로비트

DC모터와
모터 드라이브

프로펠러팬

악어 집게 케이블

건전지 케이스와
건전지

3핀 와이어 케이블

결과 예시 활동 결과 미리 보기입니다.

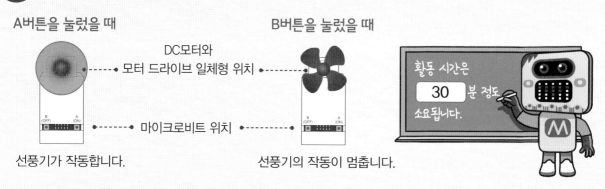

A버튼을 눌렀을 때

DC모터와
모터 드라이브 일체형 위치

마이크로비트 위치

선풍기가 작동합니다.

B버튼을 눌렀을 때

선풍기의 작동이 멈춥니다.

활동 시간은
30 분 정도
소요됩니다.

 **책 속의 선생님** 활동에 필요한 개념과 새로운 블록 설명입니다.

DC모터란 무엇일까?

▶ **DC모터가 뭐예요?**

• 모터를 이용하면 물체를 움직일 수 있습니다.

• DC모터는 가운데 축을 중심으로 자동차 바퀴가 굴러가듯이 회전하여
회전력(운동 에너지)을 생성시킵니다.

▶ **외부 장치 연결은 어떻게 하나요?**

• 마이크로비트에는 25개의 외부 장치를 연결할 수 있는 핀이 있으며,
이 핀을 통해서 LED, 센서, 모터 등을 작동시킬 수 있어요.

• 3V는 항상 3V의 전압을 출력하는 핀으로 (⊕)극을 연결하고,
GND는 (⊖)극을 연결하는 핀입니다.

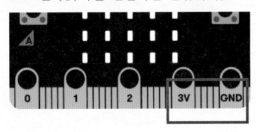

▶ **어떤 블록을 사용하나요?**

• ◎ 핀 블록을 사용합니다.

• ◎ 핀 블록은 외부 연결 핀에 대한 블록들의 모임입니다.

• P0 ▼ 의 디지털 입력 값 P0 ▼ 의 아날로그 입력 값 아날로그와 디지털 입력 핀이 있습니다.

블록	블록 설명
P0 ▼ 에 디지털 값 0 출력	디지털 값 0출력은 0V를 출력(불 꺼짐)하라는 뜻이고, 1출력은 3V를 출력(불 켜짐)하라는 뜻입니다.

③ 내가 할 일을 알아보아요

현재 상태와 목표 상태를 알아보고, 목표 상태까지 수행해야 할 작업 순서를 살펴봅시다.

현재 상태
더워서
휴대용 선풍기가
필요하다.

목표 상태
마이크로비트에
모터를 연결하여 나만의
휴대용 선풍기를
만든다.

수행해야 할 작업
❶ A버튼을 누르면 DC모터 작동하기
❷ B버튼을 누르면 DC모터 작동 멈추기

④ 컴퓨터가 할 일을 알아보아요

프로그램을 작성하기 전에 컴퓨터가 어떤 일을 해야 하는지 살펴봅시다.

01
A버튼을 누르면
DC모터 작동하기

02
B버튼을 누르면
DC모터 작동 멈추기

하드웨어를 구성해 보아요

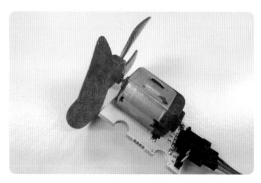

DC모터와 모터 드라이브 일체형에 프로펠러팬을
연결합니다.

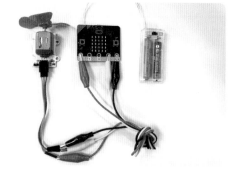

악어 클립 케이블로 G는 GND에, V는 3V 핀에,
S는 0번 핀에 연결합니다.

5 나도 프로그래머!

자, 지금까지 알아본 내용을 바탕으로 프로그램을 작성해 봅시다.

01 A버튼을 누르면 DC모터 작동하기

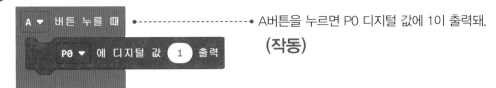

A버튼을 누르면 P0 디지털 값에 1이 출력돼.
(작동)

02 B버튼을 누르면 DC모터 작동 멈추기

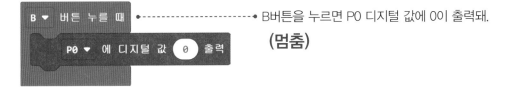

B버튼을 누르면 P0 디지털 값에 0이 출력돼.
(멈춤)

6 확인해 보아요

완성된 프로그램을 실행해 보고, 실행 결과에 이상이 없는지 점검해 봅시다.

 **실행하기** 86쪽 결과 예시와 비교하면서 실행해 봅시다.

A버튼을 눌렀을 때   B버튼을 눌렀을 때

181쪽에 제시된 전개도를
활용하여 선풍기 손잡이를
만듭니다.

선풍기가 작동합니다.   선풍기의 작동이 멈춥니다.

 한 걸음 더

온도 센서를 이용하여 일정 온도(29℃)보다 높거나 같으면, 선풍기가 작동하도록 프로그램을 개선해 봅시다.

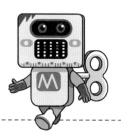

온도 (℃)

이 블록을 활용합니다.

 점검하기 마카오톡 내용을 읽고, 활동을 마무리합시다.

▶ 마카오톡

 혜진
DC모터에 모터 드라이브를 꼭 연결해야 하나요?

마비
마이크로비트에서 발생하는 전류의 양은 모터를 작동시키기에 힘이 약합니다. 그래서 모터 드라이브를 이용하여 동작 신호의 힘을 크게 발생시켜야 해요. 교재에 제시한 모터는 모터와 모터 드라이브 일체형이에요.

 준영
A버튼을 누르면 선풍기가 작동하지 않아요.

마비
모터 드라이브와 마이크로비트 연결을 확인해 주세요. G는 마이크로비트 GND에, V는 3V, S는 0번 핀에 악어 클립 케이블을 이용하여 연결합니다. '나도 프로그래머!' 1번 항목처럼 블록을 올바르게 작성했는지 확인해 보세요.

 동헌
B버튼을 누르면 선풍기가 멈추지 않아요.

마비
'나도 프로그래머!' 2번 항목처럼 P0에 디지털 값 0이 출력되도록 되어 있는지 확인해 보세요. 1출력은 전기 신호를 발생하는 것으로 켜짐을 뜻하고, 0은 전기 신호를 발생하지 않는 것으로 꺼짐을 뜻해요.

9장 보물찾기

① 이번에는 무엇을 할까요?

친구들과 캠핑을 갔는데 비가 옵니다. 좁은 텐트 안에서 모두가 참여할 수 있는
재미있는 게임이 없을까요?

이번 활동에서는 마이크로비트에 있는 25개의 LED와 버튼, 랜덤 블록을
활용하여 제비뽑기를 응용한 보물찾기 게임을 만들어 보겠습니다.

2 준비를 해요

활동 목표

1. 마이크로비트 LED의 좌표를 이해할 수 있다.
2. 조건문, 논리 연산, 문자열 결합, 랜덤 블록, 토글 블록을 사용할 수 있다.

준비물

컴퓨터

USB 케이블

마이크로비트

결과 예시 활동 결과 미리 보기입니다.

A, B버튼을 각각 눌렀을 때

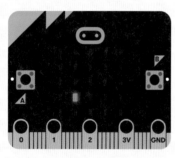

A버튼을 누르면 보물 탐지기가 오른쪽으로, B버튼을 누르면 아래로 움직입니다.

A와 B버튼을 동시에 눌러 보물을 찾았을 때

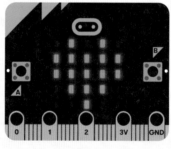

A와 B버튼을 동시에 눌러 보물 탐지기가 있는 위치에서 보물을 찾으면 하트를 표시합니다.

A와 B버튼을 동시에 눌러 보물을 찾지 못했을 때

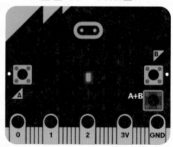

A와 B버튼을 동시에 눌러 보물 탐지기가 있는 위치에서 보물을 찾지 못하면 정가운데에 빨간 점을 보여 줍니다.

활동 시간은 40 분 정도 소요됩니다.

 책 속의 선생님 활동에 필요한 개념과 새로운 블록 설명입니다.

마이크로비트의
좌표는 어떻게 읽지?

LED 좌푯값을 입력하면
LED를 켜고 끌 수 있다고?

▶ **좌표가 뭐예요?**

좌표는 특정 위치를 나타내기 위해 사용되는 값입니다. 마이크로비트 전면에 부착되어 있는 25개의 LED는 좌푯값을 가지며, 이를 이용하여 각각의 LED를 지칭할 수 있습니다.

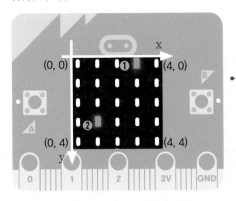

불이 켜진 LED의 좌푯값은 각각
❶(3, 0)과 ❷(1, 3)입니다.

▶ **어떤 블록을 사용하나요?**

- ● LED 블록을 사용합니다.
- ● LED 블록은 좌표에 따라 LED를 켜거나 끌 수 있는 명령어 블록으로 구성되어 있습니다.

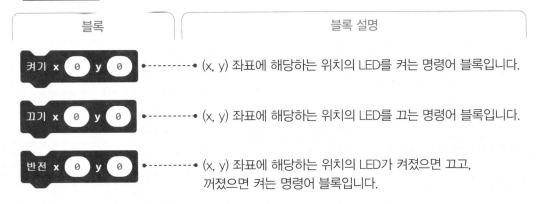

블록	블록 설명
켜기 x 0 y 0	(x, y) 좌표에 해당하는 위치의 LED를 켜는 명령어 블록입니다.
끄기 x 0 y 0	(x, y) 좌표에 해당하는 위치의 LED를 끄는 명령어 블록입니다.
반전 x 0 y 0	(x, y) 좌표에 해당하는 위치의 LED가 켜졌으면 끄고, 꺼졌으면 켜는 명령어 블록입니다.

③ 내가 할 일을 알아보아요

현재 상태와 목표 상태를 알아보고, 목표 상태까지 수행해야 할 작업 순서를 살펴봅시다.

현재 상태
좁은 텐트 안에서
함께 할 수 있는
게임 방법을 찾고 있다.

목표 상태
마이크로비트로 보물찾기
게임을 만들어 함께
게임을 즐긴다.

수행해야 할 작업
❶ 보물 탐지기와 보물의 위치를 어떻게 표시할지 정하기
❷ 보물 탐지기의 위치를 어떻게 이동시킬지 정하기
❸ 보물을 찾는 방법을 정하기
❹ 보물을 찾았을 때와 찾지 못했을 때의 표시 방법 정하기

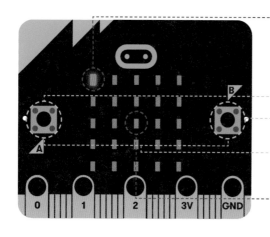

보물 탐지기의 첫 위치는 (0, 0)이야. 보물의 위치를 25개의 LED 중 임의의 한 곳으로 정했어. 보물 탐지기는 현재의 위치를 LED를 깜박여서 나타내.

A버튼을 누르면 보물 탐시기가 오른쪽으로 이동해.
B버튼을 누르면 보물 탐지기가 아래쪽으로 이동해.

A, B버튼을 동시에 누르면 그 자리에 보물이 있는지 확인해.

만약 보물이 있으면 화면에 하트 아이콘이 나타나고, 보물이 없으면 화면 중앙에 점이 나타난 후 사라져.

④ 컴퓨터가 할 일을 알아보아요

프로그램을 작성하기 전에 컴퓨터가 어떤 일을 해야 하는지 살펴봅시다.

01
보물 탐지기와
보물의 위치 정하기

02
보물 탐지기를
깜박이게 하기

03
보물 탐지기를
버튼으로 이동시키기

04
버튼을 눌러
보물 찾기

5 나도 프로그래머!

자, 지금까지 알아본 내용을 바탕으로 프로그램을 작성해 봅시다.

01 보물 탐지기와 보물의 위치 정하기

▶ 변수 생성하기

me_X	보물 탐지기의 x좌푯값 저장
me_Y	보물 탐지기의 y좌푯값 저장
treasure_X	숨겨진 보물의 x좌푯값 저장
treasure_Y	숨겨진 보물의 y좌푯값 저장

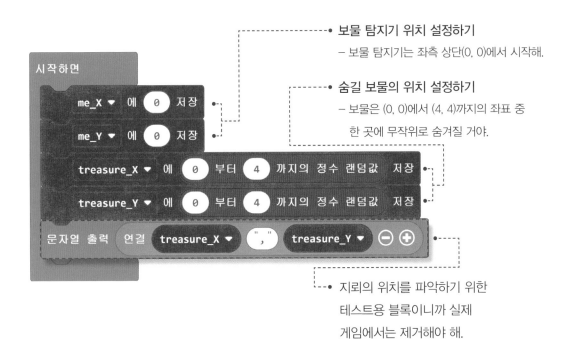

● **보물 탐지기 위치 설정하기**
  – 보물 탐지기는 좌측 상단(0, 0)에서 시작해.

● **숨길 보물의 위치 설정하기**
  – 보물은 (0, 0)에서 (4, 4)까지의 좌표 중 한 곳에 무작위로 숨겨질 거야.

● 지뢰의 위치를 파악하기 위한 테스트용 블록이니까 실제 게임에서는 제거해야 해.

02 보물 탐지기를 깜박이게 하기

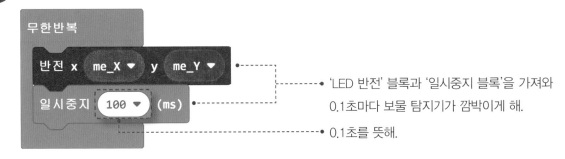

● 'LED 반전' 블록과 '일시중지 블록'을 가져와 0.1초마다 보물 탐지기가 깜박이게 해.

● 0.1초를 뜻해.

03 보물 탐지기를 버튼으로 이동시키기

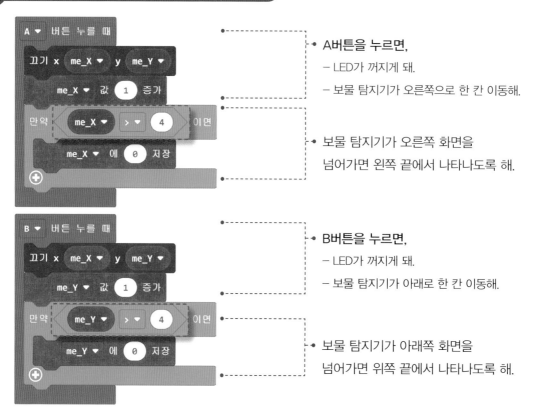

- A버튼을 누르면,
  - LED가 꺼지게 돼.
  - 보물 탐지기가 오른쪽으로 한 칸 이동해.

- 보물 탐지기가 오른쪽 화면을
  넘어가면 왼쪽 끝에서 나타나도록 해.

- B버튼을 누르면,
  - LED가 꺼지게 돼.
  - 보물 탐지기가 아래로 한 칸 이동해.

- 보물 탐지기가 아래쪽 화면을
  넘어가면 위쪽 끝에서 나타나도록 해.

04 버튼을 눌러 보물 찾기

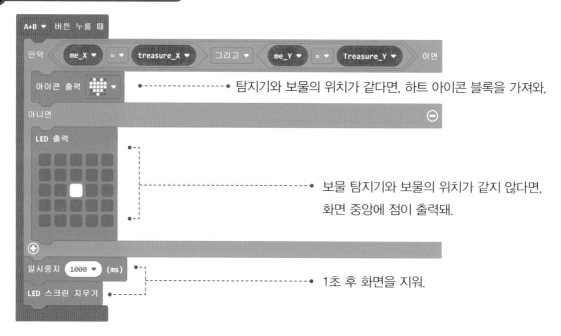

- 탐지기와 보물의 위치가 같다면, 하트 아이콘 블록을 가져와.

- 보물 탐지기와 보물의 위치가 같지 않다면,
  화면 중앙에 점이 출력돼.

- 1초 후 화면을 지워.

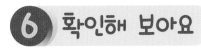
6 확인해 보아요

완성된 프로그램을 실행해 보고, 실행 결과에 이상이 없는지 점검해 봅시다.

 **실행하기** 92쪽 결과 예시와 비교하면서 실행해 봅시다.

| A, B버튼을 각각 눌렀을 때 | A와 B버튼을 동시에 눌러 보물을 찾았을 때 | A와 B버튼을 동시에 눌러 보물을 찾지 못했을 때 |

 **한 걸음 더**

프로그램을 작성하는 과정 중 **03**번 과정에서

블록을 제거하면 어떻게 될까요? 프로그램을 수정하여 실행한 뒤, 결과를 이야기해

봅시다.

A버튼 또는 B버튼을
빠르게 클릭해 보세요.

점검하기 마카오톡 내용을 읽고, 활동을 마무리합시다.

▶ 마카오톡

혜진
보물 탐지기가 깜박이지 않아요.

마비
'나도 프로그래머!' 2번 항목을 읽고, '일시중지' 블록을 썼는지 확인해 보세요.

동헌
화면을 넘어갔을 때 보물 탐지기가 보이지 않아요.

마비
'나도 프로그래머!' 3번 항목을 읽고, '만약 ~이면 실행' 블록을 제대로 썼는지 확인해 보세요.

수현
보물 탐지기가 한 곳이 아니라 여러 곳에서 보물을 찾았다는 표시를 해요.

마비
'나도 프로그래머!' 4번 항목을 읽고, '만약 ~이면 실행' 블록 안에 '그리고' 블록이 있는지 확인해 보세요. 해당 위치에 '또는' 블록이 있으면 그럴 수 있어요.

혜진
보물을 찾았는지 못 찾았는지를 나타내는 보물 탐지 표시가 나타나지 않아요.

마비
'나도 프로그래머!' 4번 항목을 확인해 보세요. '일시중지' 블록을 사용하지 않았다면, 보물 탐지 표시가 나타나자마자 지워져버리기 때문에 보이지 않을 수 있어요.

 활동을 잘 마무리했다면
다음 활동으로
넘어가 볼까요?

10장 나의 반응 속도는?

LED   버튼

① 이번에는 무엇을 할까요?

나의 반응 속도가 가장 빠르다는 것을 친구들에게 자랑하고 싶습니다. 반응 속도를
측정하려면 어떻게 만들어야 할까요?

이번 활동에서는 마이크로비트에 있는 25개의 LED와 버튼을 활용하여
반응 속도를 측정하는 프로그램을 만들어 보겠습니다.

활동 목표

1. 상태 변수의 개념을 이해할 수 있다.
2. 마이크로비트로 반응 시간을 측정할 수 있다.

준비물

컴퓨터

USB 케이블

마이크로비트

결과 예시 활동 결과 미리 보기입니다.

준비 표시	시작 표시	반응 결과	반칙 표시

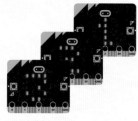

준비 신호로 3, 2, 1을 순서대로 출력합니다.

시작 신호로 작은 사각형 아이콘을 출력합니다.

작은 사각형 아이콘이 표시된 뒤, B버튼을 누르면 반응 시간 (예 2초)을 나타냅니다.

작은 사각형 아이콘이 표시되기 전에 B버튼을 눌러 반칙을 한 경우에는 틀림(X)을 출력합니다.

활동 시간은 45 분 정도 소요됩니다.

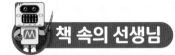 **책 속의 선생님** 활동에 필요한 개념과 새로운 블록 설명입니다.

마이크로비트의 시간을 측정하려면 어떤 블록이 필요할까?

반응 표시 전에 누르는 것을 어떻게 찾아낼까?

▶ **마이크로비트에서 시간 측정은 어떻게 하나요?**

- 시간을 측정하기 위해서는 입력 블록 모음에서 작동시간(ms) 블록을 이용합니다.
- 시작 시간과 종료 시간을 측정하여 계산하면 반응 시간을 측정할 수 있습니다.

$$반응\ 시간(초) = \frac{종료\ 시간(B버튼\ 누를\ 때) - 시작\ 시간(작은\ 사각형\ 아이콘이\ 표시될\ 때)}{1,000}$$

- 마이크로비트에서 표현되는 시간 단위가 밀리초이기 때문에 시간을 1,000으로 나누어 초 단위로 바꿔야 합니다.

   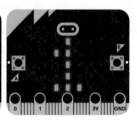

예 반응 시간 0.21초(한 글자씩 나타납니다.)

▶ **어떤 블록을 사용하나요?** ◎ 입력 블록을 사용합니다.

블록	블록 설명
A ▼ 버튼 누를 때	A버튼(또는 B버튼)을 누르거나 A, B버튼을 동시에 누르면 안에 있는 블록을 실행합니다.
작동시간(ms)	전원이 들어오고 난 뒤의 작동 시간을 1/1,000초(ms) 단위로 알려 줍니다.

③ 내가 할 일을 알아보아요

현재 상태와 목표 상태를 알아보고, 목표 상태까지 수행해야 할 작업 순서를 살펴봅시다.

현재 상태
누구의 반응 속도가 빠른지
확인하고 싶다.

목표 상태
반응 속도 측정기를 만들어서
반응 속도를 확인한다.

수행해야 할 작업

❶ 1~5초 사이의 랜덤 시간에 시작 표시(작은 사각형) 나타내기
❷ 시작 표시가 나타난 뒤 B버튼을 눌렀을 때의 반응 시간 계산하기
❸ 시작 표시 전에 B버튼을 누르면 반칙 표시(틀림) 나타내기

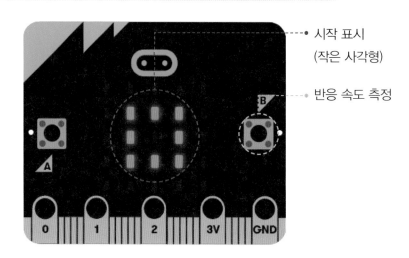

시작 표시
(작은 사각형)

반응 속도 측정

④ 컴퓨터가 할 일을 알아보아요

프로그램을 작성하기 전에 컴퓨터가 어떤 일을 해야 하는지 살펴봅시다.

01
랜덤한 시간에
시작 표시 출력하기

02
반응 시간 출력하거나
반칙 확인하기

5 나도 프로그래머!

자, 지금까지 알아본 내용을 바탕으로 프로그램을 작성해 봅시다.

01 랜덤한 시간에 시작 표시 출력하기

▶ 변수 생성하기

foul	시작 표시 전 반칙 여부 저장(0이면 반칙하지 않은 상태, 1이면 반칙한 상태)
able	반응 시간 측정 가능 상태 저장(0이면 반응 시간 측정 불가능, 1이면 반응 시간 측정 가능)
start	시작 표시가 나타난 시간 저장
end	B버튼을 누른 시간 저장
time	반응 시간 저장

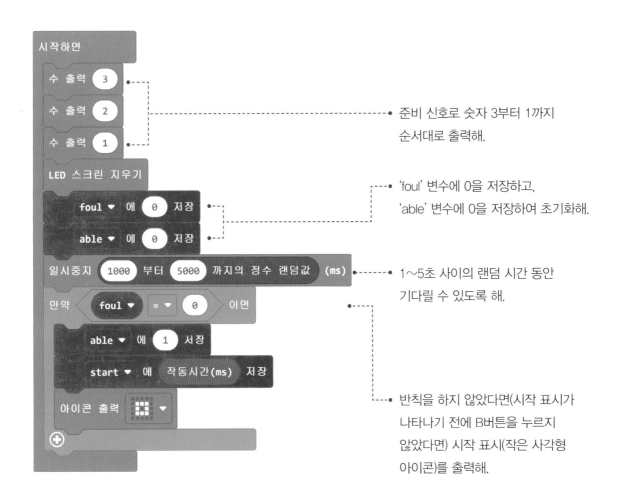

준비 신호로 숫자 3부터 1까지 순서대로 출력해.

'foul' 변수에 0을 저장하고, 'able' 변수에 0을 저장하여 초기화해.

1~5초 사이의 랜덤 시간 동안 기다릴 수 있도록 해.

반칙을 하지 않았다면(시작 표시가 나타나기 전에 B버튼을 누르지 않았다면) 시작 표시(작은 사각형 아이콘)를 출력해.

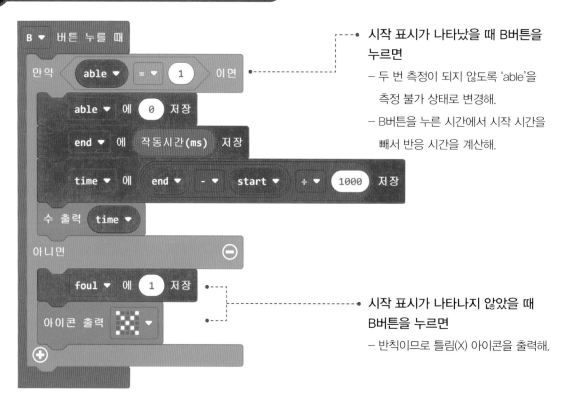

시작 표시가 나타났을 때 B버튼을 누르면

– 두 번 측정이 되지 않도록 'able'을 측정 불가 상태로 변경해.

– B버튼을 누른 시간에서 시작 시간을 빼서 반응 시간을 계산해.

시작 표시가 나타나지 않았을 때 B버튼을 누르면

– 반칙이므로 틀림(X) 아이콘을 출력해.

03 상태 변수 알아보기

변수의 값에 따라 프로그램의 진행 상태가 달라지는 변수를 boolean 자료형이라고 하며 참(1), 거짓(0)만 저장하여 상태를 나타내는 변수이다. 반응 게임에서는 다음과 같이 변수 'foul'과 변수 'able'의 상태를 나타내는 변수로 사용되었다.

변수명	참(=1)일 때	거짓(=0)일 때
foul	시작 표시 전에 반칙을 함.	반칙을 하지 않은 정상 상태
able	반응 시간 측정이 가능함.	반응 시간 측정이 불가능

6 확인해 보아요

완성된 프로그램을 실행해 보고, 실행 결과에 이상이 없는지 점검해 봅시다.

 실행하기 100쪽 결과 예시와 비교하면서 실행해 봅시다.

준비 표시

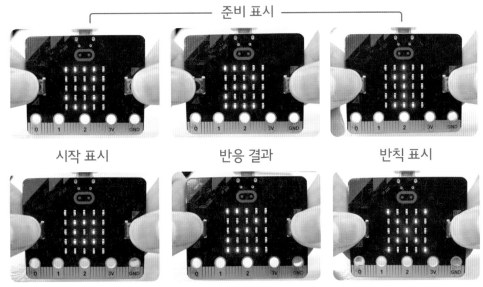

시작 표시   반응 결과   반칙 표시

 한 걸음 더

A버튼과 B버튼을 이용하여 두 명의 친구가 참여하는 반응 속도 대결 게임을 만들어 봅시다. 단, 반응 속도가 더 빠른 사람을 구분할 수 있는 조건식이 필요합니다.

A ▼ 버튼 누를 때

블록을 사용하여 버튼 입력을 추가하고, 더 빠른 사람을 표시하는 LED 출력을 추가하여 만들 수 있어요.

LED 버튼

 **점검하기** 마카오톡 내용을 읽고, 활동을 마무리합시다.

▶ 마카오톡 🔍 ⋮

준영
시작 표시가 랜덤하게 나타나지 않아요.

마비
'나도 프로그래머!' 1번 항목의 조건문 블록이 올바른지 확인해 보세요.

혜진
B버튼을 눌러도 반응이 없어요.

마비
'나도 프로그래머!' 2번 항목에서 조건문 블록의 변수와 조건식이 올바른지 확인해 보세요.

수현
반응 시간 값이 너무 커요.

마비
'나도 프로그래머!' 2번 항목의 'time' 변수의 계산식에서 나누기 1,000을 입력했는지 확인해 보세요.

혜진
반칙을 해도 틀림(X) 표시가 나타나지 않아요.

마비
'나도 프로그래머!' 2번 항목의 조건문에서 변수 블록이나 아이콘 출력 블록이 올바르게 조립되었는지 확인해 보세요.

활동을 잘 마무리했다면
다음 활동으로
넘어가 볼까요?

11장 폭탄을 피하자!

LED 버튼 스프라이트

1 이번에는 무엇을 할까요?

동헌이는 피구 경기처럼 피하는 게임을 하고 싶지만, 공에 맞는 것은 싫습니다.
다른 재밌는 피하기 게임은 없을까요?

이번 활동에서는 마이크로비트에 있는 25개의 LED와 버튼을 활용하여
폭탄을 피하는 게임을 만들어 보겠습니다.

2 준비를 해요

활동 목표

1. 여러 가지 블록을 이용하여 폭탄 피하기 게임을 만들 수 있다.
2. 마이크로비트의 게임 블록을 이해할 수 있다.

준비물

컴퓨터

USB 케이블

마이크로비트

결과 예시   활동 결과 미리 보기입니다.

게임이 실행되었을 때

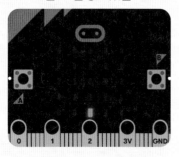

게임이 시작되면 중앙 하단에
플레이어가 나타납니다.

폭탄이 나타났을 때

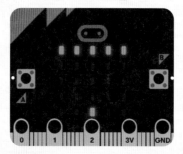

상단에 폭탄이 나타나고 아래로
내려옵니다.

폭탄을 피했을 때

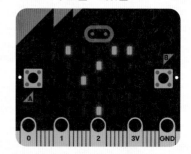

플레이어를 움직여 폭탄을
피하면 점수를 얻습니다.

게임이 종료되었을 때

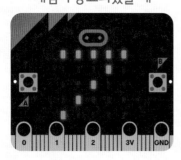

폭탄에 부딪히면 게임이
종료되고 점수(예 7점)가
표시됩니다.

활동 시간은 **45** 분 정도
소요됩니다.

108 제2부 마이크로비트로 배우는 코딩

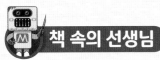

LED | 버튼 | 스프라이트

책 속의 선생님 활동에 필요한 개념과 새로운 블록 설명입니다.

> 게임 블록에는 어떤 기능이 있을까?

> 좌표를 입력하는 방법은 9장 93쪽에서 배웠어.

▶ 어떤 블록을 사용하나요? 게임 블록을 사용합니다.

블록	블록 설명
LED 스프라이트 생성 x: 2 y: 2	움직이는 스프라이트를 좌표(2, 2)에 생성합니다. 스프라이트를 생성하기 위해서는 변수의 값을 저장해야 합니다.
sprite ▼ 의 x좌표 ▼ 를 1 만큼 변경	스프라이트의 x좌표를 1만큼 이동시킵니다.
sprite ▼ 가 에 접촉	스프라이트가 지정된 스프라이트와 닿았는지 판단합니다.
점수를 1 만큼 변경	점수를 1만큼 증가시킵니다. 점수라는 변수는 자동으로 생성되며 애니메이션 효과도 나타냅니다.
게임 종료	게임을 종료합니다. 게임 종료 시 자동으로 "GAME OVER"와 점수를 표시합니다.

▶ **스프라이트는 무엇인가요?**

• 사전적 의미로는 장난을 좋아하는 요정이나 도깨비를 의미하지만 마이크로비트에서는 전혀 다른 의미로 사용됩니다.

• 예를 들어 게임에서 거의 변하지 않는 배경 위에 미사일이나 공과 같이 움직이는 모든 것들을 스프라이트라고 할 수 있습니다.

• 마이크로비트에서는 스프라이트가 LED 형태로 표현되고, 움직일 수 있으며, 다른 스프라이트와 부딪히거나 반응을 보일 수 있습니다.

3 내가 할 일을 알아보아요

현재 상태와 목표 상태를 알아보고, 목표 상태까지 수행해야 할 작업 순서를 살펴봅시다.

현재 상태
피구처럼 피하는 게임을 하고 싶은데 공에 맞는 것은 싫다.

목표 상태
피구처럼 피하는 게임이지만 직접 몸을 움직이지 않아도 되는 게임을 만들어서 즐긴다.

수행해야 할 작업

❶ 변수를 생성하고 게임이 끝나는 조건을 설정하기
❷ A와 B버튼을 눌러서 플레이어의 위치를 옮기기
❸ 폭탄을 피하면 점수 얻기
❹ 폭탄에 부딪히면 게임 종료하기

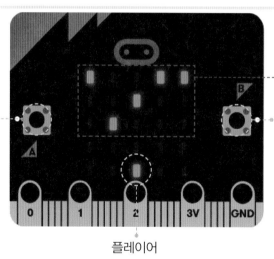

폭탄

A버튼을 누르면 플레이어의 위치를 왼쪽으로 한 칸 옮겨.

B버튼을 누르면 플레이어의 위치를 오른쪽으로 한 칸 옮겨.

플레이어

4 컴퓨터가 할 일을 알아보아요

프로그램을 작성하기 전에 컴퓨터가 어떤 일을 해야 하는지 살펴봅시다.

01 초깃값과 게임이 끝나는 조건 설정하기

02 플레이어를 움직이게 하기

03 폭탄을 떨어뜨리기

LED　버튼　스프라이트

5 나도 프로그래머!

자, 지금까지 알아본 내용을 바탕으로 프로그램을 작성해 봅시다.

01 초깃값과 게임이 끝나는 조건 설정하기

▶ 변수 생성하기

score	점수를 저장할 변수
player	플레이어가 움직이는 스프라이트의 위치 정보(좌푯값)를 저장할 변수
bomb1~bomb5	폭탄1~폭탄5의 스프라이트의 위치 정보를 저장
able	게임의 시작과 종료 여부를 참/거짓 값으로 저장할 변수

'score' 변수에 0을 저장해.
'player' 변수에 스프라이트를 지정한 좌표의 값을 저장하면 스프라이트가 생겨.

'able' 변수에 '참' 값을 저장해.

'able' 변수의 값이 '참'이면 게임이 종료될 때까지 일시 정지해.

점수에 'score' 변수의 값을 지장하고 게임을 종료해.

02 플레이어를 움직이게 하기

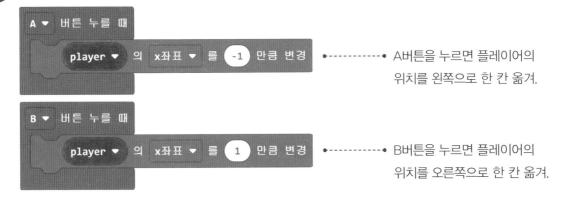

A버튼을 누르면 플레이어의 위치를 왼쪽으로 한 칸 옮겨.

B버튼을 누르면 플레이어의 위치를 오른쪽으로 한 칸 옮겨.

03 폭탄을 떨어뜨리기

▶ 폭탄 스프라이트 생성 위치

스프라이트	폭탄1	폭탄2	폭탄3	폭탄4	폭탄5
변수명	bomb1	bomb2	bomb3	bomb4	bomb5
생성 위치	(0, 0)	(1, 0)	(2, 0)	(3, 0)	(4, 0)

▶ 폭탄1 스프라이트 생성하기

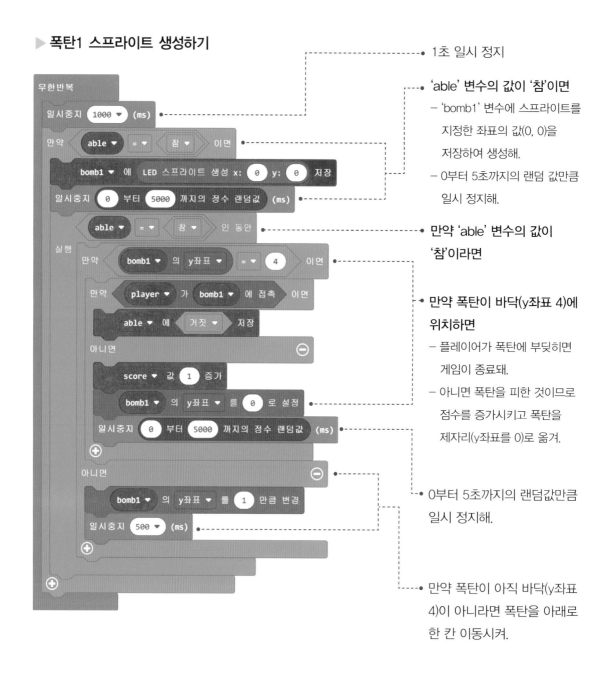

········ 1초 일시 정지

········ 'able' 변수의 값이 '참'이면
　　－ 'bomb1' 변수에 스프라이트를
　　　 지정한 좌표의 값(0, 0)을
　　　 저장하여 생성해.
　　－ 0부터 5초까지의 랜덤 값만큼
　　　 일시 정지해.

········ 만약 'able' 변수의 값이
　　　'참'이라면

········ 만약 폭탄이 바닥(y좌표 4)에
　　　위치하면
　　－ 플레이어가 폭탄에 부딪히면
　　　 게임이 종료돼.
　　－ 아니면 폭탄을 피한 것이므로
　　　 점수를 증가시키고 폭탄을
　　　 제자리(y좌표를 0)로 옮겨.

········ 0부터 5초까지의 랜덤값만큼
　　　일시 정지해.

········ 만약 폭탄이 아직 바닥(y좌표
　　　4)이 아니라면 폭탄을 아래로
　　　한 칸 이동시켜.

▶ 폭탄2 스프라이트 생성하기

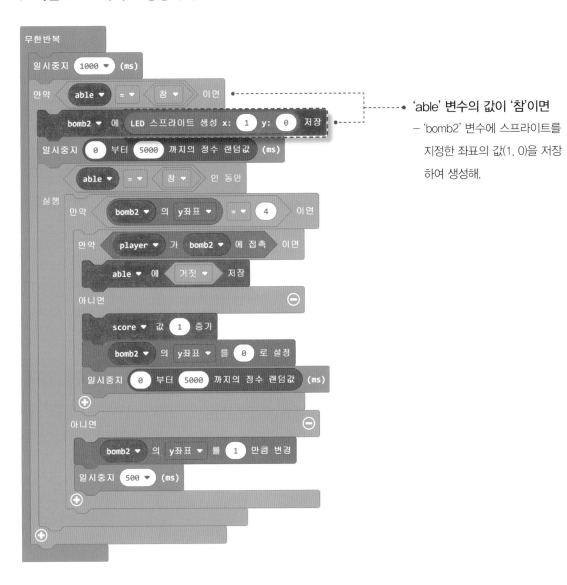

'able' 변수의 값이 '참'이면
– 'bomb2' 변수에 스프라이트를 지정한 좌표의 값(1, 0)을 저장하여 생성해.

▶ 폭탄3 스프라이트 생성하기

폭탄3 스프라이트를 (2, 0)에
생성해.

▶ 폭탄4 스프라이트 생성하기

폭탄4 스프라이트를 (3, 0)에
생성해.

▶ 폭탄5 스프라이트 생성하기

폭탄5 스프라이트를 (4, 0)에
생성해.

폭탄2와 같은 방법으로 폭탄3,
폭탄4, 폭탄5 스프라이트를 만들어요.

 확인해 보아요

완성된 프로그램을 실행해 보고, 실행 결과에 이상이 없는지 점검해 봅시다.

 108쪽 결과 예시와 비교하면서 실행해 봅시다.

게임이 실행되었을 때	폭탄을 피했을 때	게임이 종료되었을 때

하단에 플레이어가 나온 뒤 상단에 폭탄이 나타납니다.	폭탄이 아래로 내려왔을 때 A버튼이나 B버튼을 눌러서 폭탄을 피하면 점수를 얻습니다.	폭탄에 부딪히면 "GAME OVER"와 "SCORE"가 표시된 뒤에 점수가 표시됩니다.

 **한 걸음 더**

폭탄 피하기 게임에서 score의 값에 따라 속도가 변화하도록 프로그램을 개선해 봅시다.

조건문 블록을 이용하면 점수에 따라 속도를 변화시킬 수 있어요.

LED   버튼   스프라이트

점검하기 마카오톡 내용을 읽고, 활동을 마무리합시다.

 ▶ 마카오톡 🔍 ⋮

동헌

플레이어 스프라이트가 다른 곳에 표시되요.

마비
'나도 프로그래머!' 1번 항목에서 스프라이트 생성 블록의 좌푯값을 확인해 보세요.

준영

플레이어가 움직이지 않아요.

마비
'나도 프로그래머!' 2번 항목에서 블록이 올바르게 조립됐는지 확인해 보세요.

동헌

폭탄이 내려오지 않아요.

마비
'나도 프로그래머!' 3번 항목에서 반복문과 bomb 스프라이트의 y좌표를 1만큼 변경 블록을 넣었는지 확인해 보세요.

준영

폭탄이 바닥에서 사라지지 않아요.

마비
'나도 프로그래머!' 1번 항목에서 조건 블록의 조건식을 확인해 보거나 게임 종료 블록이 빠졌는지 확인해 보세요.

동헌

게임이 종료되지 않아요.

마비
'나도 프로그래머!' 1번 항목에서 스프라이트 생성 블록의 좌푯값을 확인해 보세요.

활동을 잘 마무리했다면 다음 활동으로 넘어가 볼까요?

12장 줄넘기 대결

LED · 버튼 · 기울기(가속도) 센서 · 라디오

1 이번에는 무엇을 할까요?

줄넘기는 혼자서 하면 재미가 없습니다. 둘이 대결할 수 있는 줄넘기 게임을 만들어서 누가 더 줄넘기를 잘하는지 겨루어 볼까요?

이번 활동에서는 마이크로비트에 기울기(가속도) 센서와 라디오 통신 기능을 활용하여 줄넘기 대결 게임을 만들어 보겠습니다.

2 준비를 해요

활동 목표

1. 라디오 블록을 이용하여 줄넘기 대결 게임을 만들 수 있다.
2. 마이크로비트의 라디오 통신 기능을 사용할 수 있다.

준비물

컴퓨터

건전지 케이스와 건전지 3세트
USB 케이블

마이크로비트 3개

결과 예시   활동 결과 미리 보기입니다.

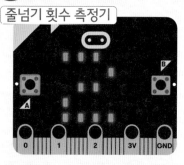

줄넘기 횟수 측정기

A버튼을 누르면 줄넘기 횟수를
출력합니다.

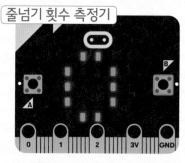

줄넘기 횟수 측정기

B버튼을 누르면 줄넘기 횟수를
0으로 초기화합니다.

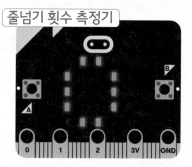

줄넘기 횟수 측정기

줄넘기 횟수 표시기가 문자열 "re"를
송신하면 줄넘기 횟수 측정기의 줄넘기
횟수가 0으로 초기화됩니다.

줄넘기 횟수 표시기

플레이어A

플레이어B

플레이어A와 B의 줄넘기 수를 각각
왼쪽과 오른쪽에 그래프로 표시합니다.

활동 시간은 45 분 정도 소요됩니다.

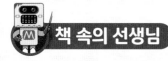
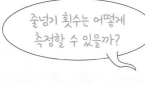 **책 속의 선생님** 활동에 필요한 개념과 새로운 블록 설명입니다.

줄넘기 횟수는 어떻게 측정할 수 있을까?

두 사람의 줄넘기 횟수는 어떻게 구분할까?

▶ **어떤 블록을 사용하나요?** `📶 라디오` 블록을 사용합니다.

- `📶 라디오` 블록은 라디오 주파수를 이용한 것으로 다른 마이크로비트와 통신할 때 사용하며, 무선 통신과 관련된 명령으로 구성되어 있습니다.
- 라디오 무선 통신을 할 때에는 그룹 설정을 통해 같은 그룹 내의 모든 마이크로비트에 문자와 수를 송신하거나 수신할 수 있습니다.

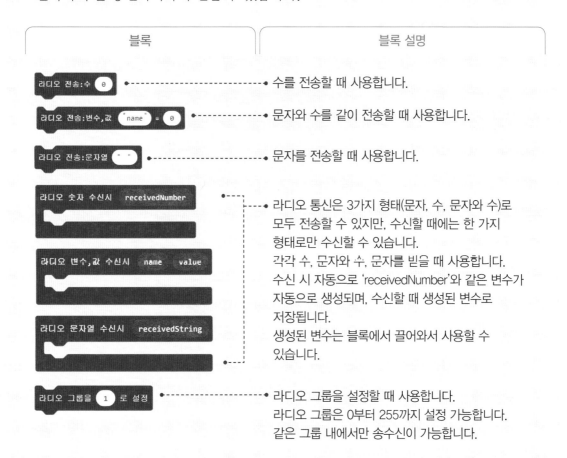

블록	블록 설명
라디오 전송:수 0	수를 전송할 때 사용합니다.
라디오 전송:변수,값 "name" = 0	문자와 수를 같이 전송할 때 사용합니다.
라디오 전송:문자열 " "	문자를 전송할 때 사용합니다.
라디오 숫자 수신시 receivedNumber 라디오 변수,값 수신시 name value 라디오 문자열 수신시 receivedString	라디오 통신은 3가지 형태(문자, 수, 문자와 수)로 모두 전송할 수 있지만, 수신할 때에는 한 가지 형태로만 수신할 수 있습니다. 각각 수, 문자와 수, 문자를 받을 때 사용합니다. 수신 시 자동으로 'receivedNumber'와 같은 변수가 자동으로 생성되며, 수신할 때 생성된 변수로 저장됩니다. 생성된 변수는 블록에서 끌어와서 사용할 수 있습니다.
라디오 그룹을 1 로 설정	라디오 그룹을 설정할 때 사용합니다. 라디오 그룹은 0부터 255까지 설정 가능합니다. 같은 그룹 내에서만 송수신이 가능합니다.

3 내가 할 일을 알아보아요

현재 상태와 목표 상태를 알아보고, 목표 상태까지 수행해야 할 작업 순서를 살펴봅시다.

현재 상태
줄넘기는 건강에 좋은 운동이지만 혼자하니까 재미가 없다.

목표 상태
줄넘기 대결 게임을 만들어서 친구와 재미있게 줄넘기를 한다.

수행해야 할 작업

※ **줄넘기 횟수 측정기**

❶ 라디오 그룹 설정하기
❷ 줄넘기를 하고 줄넘기 횟수를 보내기
❸ A버튼을 눌러서 변수 출력하기
❹ B버튼을 눌러서 줄넘기 횟수 초기화하기

※ **줄넘기 횟수 표시기**

❶ 송신기와 같은 라디오 그룹 설정하기
❷ A버튼을 눌러서 초기화하기
❸ 줄넘기 횟수를 사용자별로 표시하기
❹ 먼저 줄넘기 횟수 50회를 완료한 사람 표시하기

줄넘기 횟수 측정기 A/B

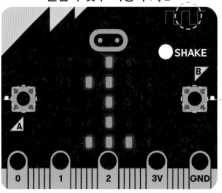

흔들림을 감지하면 줄넘기 횟수가 증가해.

A버튼을 누르면 줄넘기 횟수를 나타내.

B버튼을 누르면 줄넘기 횟수를 0으로 만들어.

플레이어A 라디오 통신

라디오 통신 플레이어B

줄넘기 횟수 표시기

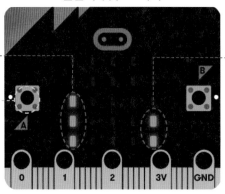

줄넘기 횟수 측정기 A의 줄넘기 횟수를 나타내.

A버튼을 눌러 문자 (예 Re)를 전송하면 게임을 다시 시작할 수 있어.

줄넘기 횟수 측정기 B의 줄넘기 횟수를 나타내.

4 컴퓨터가 할 일을 알아보아요

프로그램을 작성하기 전에 컴퓨터가 어떤 일을 하는지 살펴봅시다.

01 줄넘기 횟수 측정기 설정하기

라디오 그룹
설정하기

> 흔들림을 감지하면 'count' 변수의 값을 증가시키기

> 플레이어명과
> 줄넘기 횟수를
> 전송하기

> A버튼을 누르면 LED에 'count' 변수를 출력하기

> B버튼을 누르면 'count' 변수에 0을 저장하기

> "re" 문자열을 수신하면 'count' 변수에 0을 저장하기

02 줄넘기 횟수 표시기 설정하기

라디오 그룹을 설정하고
'Ascore' 변수의 값과 'Bscore'
변수의 값에 각각 '0'을
저장한 뒤 'able' 변수의
값에 '참'을 저장하기

> A버튼을 누르면 "re"
> 문자열을 전송하기

> 'able' 변수에 '참' 값을
> 저장하기

> 만약 'able' 변수의 값이
> '참'이면 플레이어를
> 구분하고 줄넘기 횟수를
> LED에 출력하기

> 만약 줄넘기 횟수기 50보디
> 크면 승리 플레이어를
> 출력하고 'able' 변수에
> '거짓'을 저장하기

5 나도 프로그래머!

자, 지금까지 알아본 내용을 바탕으로 프로그램을 작성해 봅시다.

01 줄넘기 횟수 측정기 설정하기

▶ 변수 생성하기

count	줄넘기 횟수를 저장할 변수

▶ 플레이어A

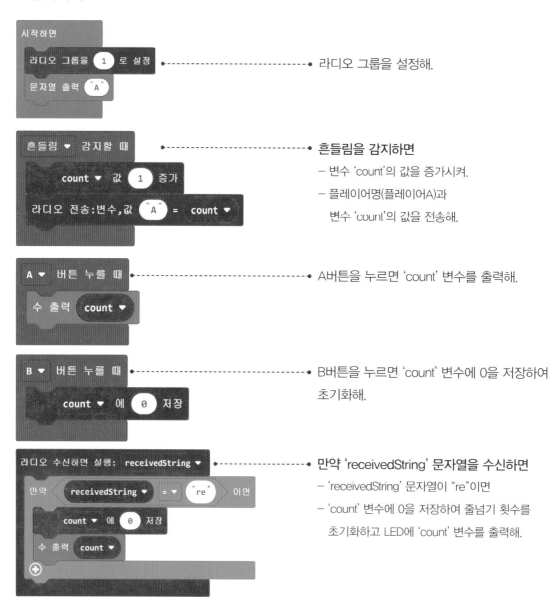

라디오 그룹을 설정해.

흔들림을 감지하면
- 변수 'count'의 값을 증가시켜.
- 플레이어명(플레이어A)과
  변수 'count'의 값을 전송해.

A버튼을 누르면 'count' 변수를 출력해.

B버튼을 누르면 'count' 변수에 0을 저장하여
초기화해.

만약 'receivedString' 문자열을 수신하면
- 'receivedString' 문자열이 "re"이면
- 'count' 변수에 0을 저장하여 줄넘기 횟수를
  초기화하고 LED에 'count' 변수를 출력해.

LED   버튼   기울기(가속) 센서   라디오

▶ **플레이어B: 플레이어A의 모든 블록을 복사하고 아래 블록만 수정합니다.**

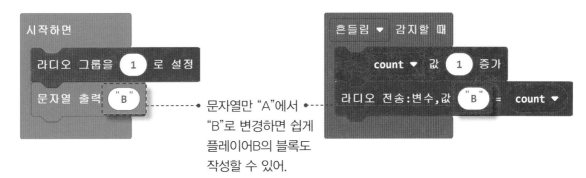

문자열만 "A"에서
"B"로 변경하면 쉽게
플레이어B의 블록도
작성할 수 있어.

02 줄넘기 횟수 표시기 설정하기

▶ **변수 생성하기**

Ascore/Bscore	각 플레이어의 점수를 저장할 변수
Abri/Bbri	각 플레이어의 LED 표시 밝기 값을 저장할 변수
name	라디오 신호로 수신한 문자열을 저장할 변수
value	라디오 신호로 수신한 수를 저장할 변수
able	참이면 실행, 거짓이면 정지를 하는 게임 실행 여부를 저장할 변수

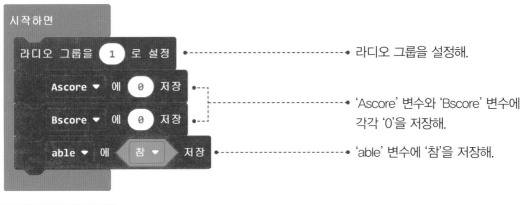

라디오 그룹을 설정해.

'Ascore' 변수와 'Bscore' 변수에
각각 '0'을 저장해.

'able' 변수에 '참'을 저장해.

A버튼을 누르면
– "re" 문자열을 전송해.
– 'able' 변수에 '참'을 저장해.
– LED 스크린을 모두 꺼.

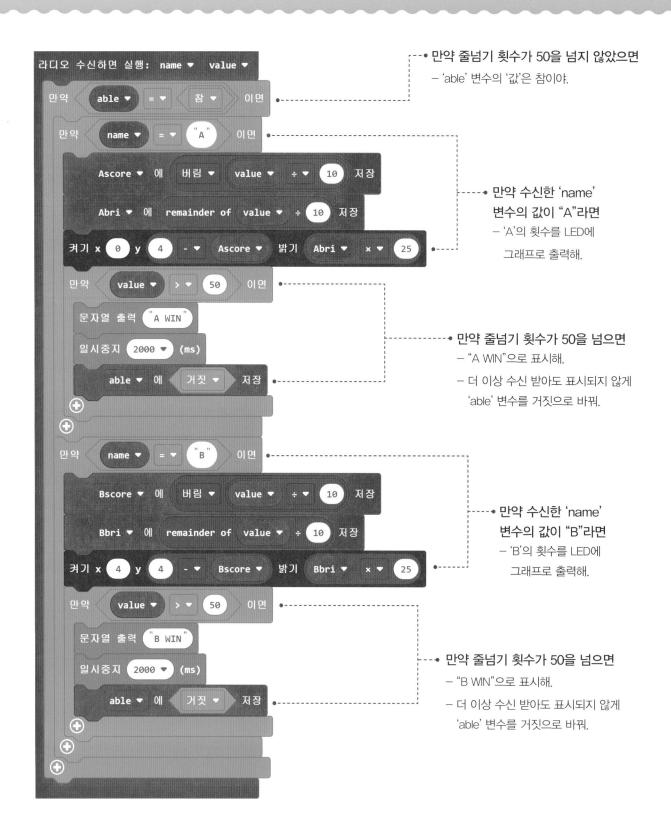

만약 줄넘기 횟수가 50을 넘지 않았으면
- 'able' 변수의 '값'은 참이야.

만약 수신한 'name'
변수의 값이 "A"라면
- 'A'의 횟수를 LED에
그래프로 출력해.

만약 줄넘기 횟수가 50을 넘으면
- "A WIN"으로 표시해.
- 더 이상 수신 받아도 표시되지 않게
'able' 변수를 거짓으로 바꿔.

만약 수신한 'name'
변수의 값이 "B"라면
- 'B'의 횟수를 LED에
그래프로 출력해.

만약 줄넘기 횟수가 50을 넘으면
- "B WIN"으로 표시해.
- 더 이상 수신 받아도 표시되지 않게
'able' 변수를 거짓으로 바꿔.

6 확인해 보아요

완성된 프로그램을 실행해 보고, 실행 결과에 이상이 없는지 점검해 봅시다.

 118쪽 결과 예시와 비교하면서 실행해 봅시다.

— 줄넘기 횟수 측정기 —

A버튼을 눌렀을 때 모습	B버튼을 눌렀을 때 모습	라디오를 수신했을 때 모습

줄넘기 횟수 측정기의 A버튼을 누르면 줄넘기 횟수를 출력합니다.	줄넘기 횟수 측정기의 B버튼을 누르면 줄넘기 횟수가 초기화되어야 합니다. 줄넘기 횟수 측정기의 B버튼을 누른 뒤 A버튼을 눌러 줄넘기 횟수가 0으로 초기화되었는지 확인합니다.	줄넘기 횟수 표시기의 A버튼을 눌렀을 때, 줄넘기 횟수 측정기가 0으로 초기화되었는지 줄넘기 횟수 측정기의 A버튼을 눌러 확인합니다.

줄넘기 횟수 표시기

수신값을 LED에 그래프로 출력한 모습

플레이어A와 B의 줄넘기 횟수가 줄넘기 횟수 표시기의 왼쪽과 오른쪽에 그래프로 표시되는지 확인합니다.

프로그램을 다음과 같이 개선해 봅시다.

1. 줄넘기를 1분 동안 가장 많이 한 사람이 승리하도록 프로그램을 바꾸어 봅시다.

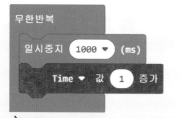

줄넘기 횟수 표시기에 시간을 체크해서 줄넘기
시작 1분 후 종료해요.

2. 줄넘기 횟수 표시기의 수신 결과를 숫자 또는 LED 불빛으로 출력해 봅시다.

게임 블록을 이용하여 수신 결괏값에 따라 숫자나
LED 불빛이 좌우로 변하도록 표현해 보세요.

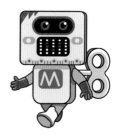

LED　버튼　기울기(가속도) 센서　라디오

점검하기　마카오톡 내용을 읽고, 활동을 마무리합시다.

 마카오톡 　 ⋮

준영
흔들어도 줄넘기 횟수가 증가하지 않아요.

마비
줄넘기 횟수 측정기와 줄넘기 횟수 표시기의 라디오 그룹 번호가 같은지 확인해 보세요. 그리고 송신한 값과 조건문의 값이 같은지 확인해 보세요.

수현
줄넘기 횟수 측정기의 A버튼을 눌러도 수가 출력되지 않아요.

마비
'나도 프로그래머!' 1번 항목에서 A버튼을 누르면 실행하는 블록을 확인해 보세요.

준영
줄넘기 횟수 측정기의 B버튼을 눌러도 수가 초기화되지 않아요.

마비
'나도 프로그래머!' 1번 항목에서 B버튼을 누르면 실행하는 블록을 확인해 보세요.

수현
줄넘기 횟수 표시기에서 줄넘기 횟수가 50이 넘어도 게임이 끝나지 않아요.

마비
'나도 프로그래머!' 2번 항목에서 라디오를 수신하는 실행 블록을 확인해 보세요. 조건 블록과 변수 블록이 정확하게 조립되어 있는지 확인해 보세요.

준영
블록을 정확하게 조립했는데 줄넘기 횟수가 누적되지 않아요.

마비
줄넘기 횟수 표시기에서 라디오 신호를 수신하는 실행의 변수가 올바르게 지정되어 있는지 확인해 보세요.

활동을 잘 마무리했다면
다음 활동으로
넘어가 볼까요?

마이크로비트를 활용한 메이커 활동
무선으로 자료를 주고받을 수 있어요! 라디오

1 마이크로비트의 라디오는 무엇인가요?

- 라디오는 마이크로비트가 또 다른 마이크로비트와 무선으로 자료를 주고받을 수 있는 방법 중의 하나입니다.
- 라디오를 활용한다면 근처의 마이크로비트에 간단한 자료를 보내거나 받을 수 있습니다.
- 마이크로비트의 라디오 신호는 최대 약 20m까지의 거리 안에서만 자료를 전달할 수 있습니다.

2 마이크로비트의 라디오 신호를 이용한 놀이와 작품들에는 어떤 것이 있나요?

▲ 짝꿍 찾기 놀이

Ⓠ 여러분은 체험 학습 버스에서 같이 앉을 짝을 어떻게 정하나요? 짝꿍을 정하는 새롭고 재밌는 방법이 없을까요?

Ⓐ 라디오 신호 그룹 정하기와 라디오 신호의 세기를 이용하여 재미있고 긴장감 넘치는 짝꿍 찾기 활동을 할 수 있어요!

왼쪽의 사진 속 학생들은 자신과 같은 라디오 그룹의 마이크로비트를 만났을 때 LED에 사각형 아이콘이 나타나는 프로그램을 만들었답니다.

Ⓠ 저는 친구들과 함께 춤을 추는 것을 좋아해요! 마이크로비트로 춤과 관련한 장치를 만들 수는 없을까요?

Ⓐ 모자, 장갑 등에 마이크로비트를 붙이고 흔들 때마다 LED를 반짝이게 만들어 보세요. 멋진 춤 의상이 됩니다!

또한, 라디오 신호를 이용한다면 누가 더 몸을 많이 흔들며 춤을 췄는지 확인할 수 있는 댄스 점수 계산기를 만들 수도 있답니다.

▲ 댄스 점수 계산기

13장 숫자 맞추기 게임

LED　버튼　라디오

1 이번에는 무엇을 할까요?

로또는 확률 게임입니다. 그런데 확률이 너무 낮아서 당첨되기가 쉽지 않습니다.
확률을 높인 로또 게임을 만들려면 어떻게 해야 할까요?

이번 활동에서는 마이크로비트에 있는 25개의 LED와 라디오 블록, 배열, 반복,
함수를 활용하여 간단한 3자리 숫자 맞추기 게임을 만들어 보겠습니다.

 **2 준비를 해요**

활동 목표

1. 라디오 블록을 사용해서 마이크로비트 간에 무선 통신을 할 수 있다.
2. 라디오 블록의 라디오 그룹의 용도를 이해할 수 있다.
3. 배열, 반복문, 함수를 사용하여 숫자 만들기 게임을 만들 수 있다.

준비물

컴퓨터

USB 케이블 2개

마이크로비트 2개

결과 예시 활동 결과 미리 보기입니다.

송신기의 A버튼 또는 B버튼을 누르면 수신기에는 꺼내어진 숫자가 표시됩니다.

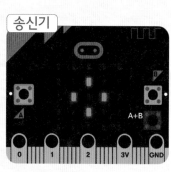

송신기

작은 다이아몬드
아이콘이었다가 숫자를 송신할
때만 다이아몬드 아이콘으로
바뀝니다.

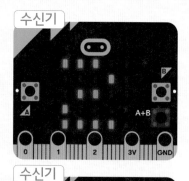

수신기

임의의 숫자(예) 2)가 꺼내졌음을
나타냅니다.

수신기

모든 숫자가 꺼내지면 수신기는
틀림(X) 아이콘으로 바뀝니다.

송신기의 A와 B버튼을 동시에 누르면 수신기에는 남아있는 숫자들이 표시됩니다.

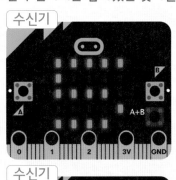

수신기

남은 숫자(예 5)를 오름차순으로
보여 줍니다.

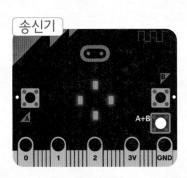

송신기

작은 다이아몬드
아이콘이었다가 숫자를 송신할
때만 다이아몬드 아이콘으로
바뀝니다.

남은 숫자를 모두 보여 준 후에는
작은 사각형 아이콘으로 바뀝니다.

수신기의 A와 B버튼을 동시에 누르면 게임이 초기화됩니다.

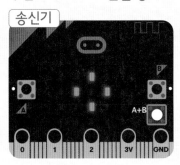

송신기

작은 다이아몬드 아이콘이
나타납니다.

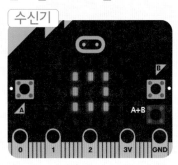

수신기

list 안에 1~9까지의 숫자를
넣는 초기화 작업이 완료되면,
작은 다이아몬드에서 작은
사각형으로 아이콘이 바뀝니다.

활동 시간은
45 분 정도
소요됩니다.

 **책 속의 선생님** 활동에 필요한 개념과 새로운 블록 설명입니다.

배열이란 무엇일까?

배열, 반복문, 함수는 어떻게 사용할까?

▶ **배열이 뭐예요?**

배열은 데이터를 한꺼번에 하나의 이름으로 묶어 관리하는 것으로 아래의 그림과 같이 list라는 배열에서 각각의 사물함에 들어있는 데이터(예 숫자 '2')를 꺼낼 수 있습니다.

컴퓨터에서 첫 번째 값의 위치는 0부터 시작해.

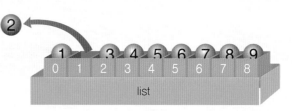

▶ **어떤 블록을 사용하나요?** 📋 배열 , C 반복 , 𝑓(𝑥) 함수 블록을 사용합니다.

1. 배열 블록

• 📋 배열 블록은 여러 개의 데이터를 사용자가 만든 배열 이름으로 묶고, 그 속에 데이터를 삽입하거나 꺼내기 위한 블록으로 구성되어 있습니다.

블록	블록 설명
list ▾ 의 마지막에 ⬤ 추가	배열을 만들어 데이터를 삽입하는 명령어 블록입니다.
리스트 ▾ 의 ⓪ 번째 위치의 값	배열의 데이터를 조회하는 명령어 블록입니다.
list ▾ 의 ⓪ 번째 위치의 값을 가져오고 삭제	배열의 데이터를 꺼내는 명령어 블록입니다.
리스트 ▾ 의 길이	배열 속에 들어 있는 데이터의 개수를 보여 주는 명령어 블록입니다.

2. 반복 블록

-  블록은 원하는 조건이나 횟수만큼 반복하기 위한 명령어 블록으로 구성되어 있습니다.

블록	블록 설명
0부터 4 까지의 index 에 대해 실행	'반복(for) 블록'은 'index' 변수를 0에서부터 목표하는 수(4)가 될 때까지 1씩 증가시키다가 종료하는 블록입니다.
거짓 ▼ 인 동안 실행	'반복(while) 블록'은 주어진 조건을 만족하는 동안만 반복하다가 종료하는 블록입니다.

3. 함수 블록

- 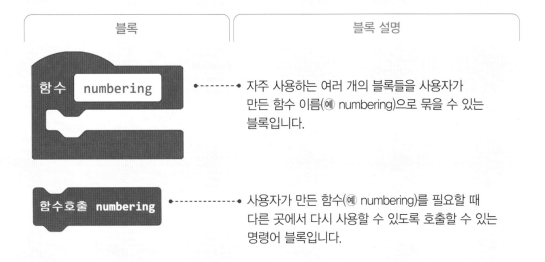 블록은 자주 사용하는 여러 개의 블록들을 하나로 묶어 놓은 것입니다.
- 함수 블록은 사용자가 만든 함수 이름으로 묶어 놓은 블록과 그 함수를 다른 곳에서 재사용할 수 있도록 호출할 수 있는 명령어 블록으로 구성되어 있습니다.

블록	블록 설명
함수 numbering	자주 사용하는 여러 개의 블록들을 사용자가 만든 함수 이름(예 numbering)으로 묶을 수 있는 블록입니다.
함수호출 numbering	사용자가 만든 함수(예 numbering)를 필요할 때 다른 곳에서 다시 사용할 수 있도록 호출할 수 있는 명령어 블록입니다.

③ 내가 할 일을 알아보아요

현재 상태와 목표 상태를 알아보고, 목표 상태까지 수행해야 할 작업 순서를 살펴봅시다.

현재 상태
확률이 높은
숫자 맞추기 게임을
만들고 싶다.

목표 상태
확률이 높은
숫자 맞추기 게임을
만들고 게임을 해 본다.

수행해야 할 작업

❶ 송신기와 수신기의 역할 정하기
❷ 송신기와 수신기를 어떤 방법으로 통신하게 할 것인지 정하기
❸ 게임 시작을 위해 어떻게 초기화(게임 준비)할 것인지 정하기
❹ 숫자를 어떻게 꺼낼 것인지 정하기
❺ 남아 있는 숫자를 어떻게 확인할 것인지 정하기
❻ 숫자를 모두 꺼내면 어떻게 할 것인지 정하기
❼ 게임을 다시 시작하려면 어떻게 할 것인지 정하기

송신기

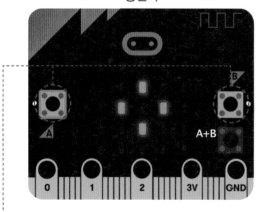

수신기

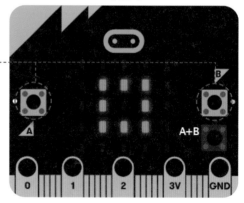

• 송신기의 A버튼 또는 B버튼을 누르면 수신기에 꺼내진 숫자가 표시돼.
• 송신기의 A와 B버튼을 동시에 누르면 수신기에 남아 있는 숫자가 표시돼.

• 수신기의 A와 B버튼을 동시에 누르면 게임이 초기화되어 다시 시작할 수 있어.

4 컴퓨터가 할 일을 알아보아요

프로그램을 작성하기 전에 컴퓨터가 어떤 일을 하는지 살펴봅시다.

01 숫자 맞추기 게임 송신기 설정하기

라디오 그룹을 설정하고 작동 가능함을 표시하기

A버튼을 누르면
문자열 "pop"를 전송하기
(숫자를 꺼내 달라는 의미)

B버튼을 누르면
문자열 "pop"를 전송하기
(숫자를 꺼내 달라는 의미)

A와 B버튼을 동시에 누르면
문자열 "show"를 전송하기
(남아 있는 번호를 차례대로
보여 달라는 의미)

02 숫자 맞추기 게임 수신기 설정하기

라디오 그룹을 설정하기

숫자 배열에 1~9까지의 숫자를 넣어 초기화하고 작동 가능함을 표시하기

A와 B버튼을 동시에 누르면
숫자 배열에 1~9까지의
수를 입력하여 초기화하고
작동 가능함을 표시하기

라디오 수신을 하면 ❶ 또는 ❷를 실행하기

❶ 숫자 데이터를 모두 꺼냈다면 작동 불가능함을 표시하고,
숫자 데이터가 남아 있다면 ❷를 실행하기

❷ 문자열 "pop"을 수신하면 랜덤하게 숫자를 꺼내어 보여 주고,
문자열 "show"를 수신하면 차례로 남아 있는 숫자를 보여 주고
작동 가능함을 표시하기

5 나도 프로그래머!

자, 지금까지 알아본 내용을 바탕으로 프로그램을 작성해 봅시다.

01 숫자 맞추기 게임 송신기 설정하기

▶ 라디오 그룹을 수신기와 일치시키고 작동 가능함을 표시하기

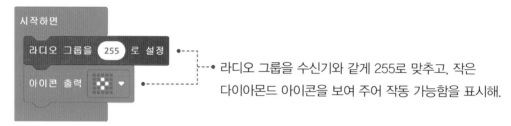

라디오 그룹을 수신기와 같게 255로 맞추고, 작은 다이아몬드 아이콘을 보여 주어 작동 가능함을 표시해.

▶ A버튼과 B버튼으로 숫자를 전송하기

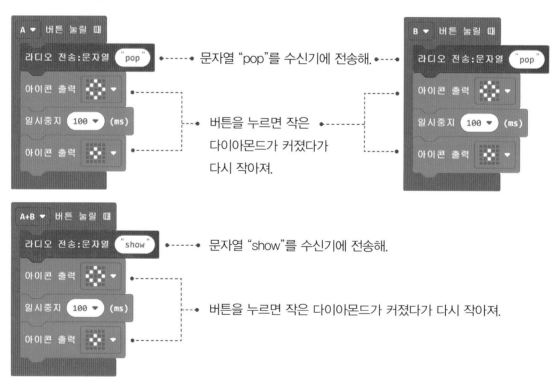

문자열 "pop"를 수신기에 전송해.

버튼을 누르면 작은 다이아몬드가 커졌다가 다시 작아져.

문자열 "show"를 수신기에 전송해.

버튼을 누르면 작은 다이아몬드가 커졌다가 다시 작아져.

문자열 "pop"는 숫자를 랜덤하게 꺼내어 수신기에 표시해 주라는 뜻이고, 문자열 "show"는 남아 있는 숫자를 수신기에 차례로 표시해 주라는 뜻입니다.

02 숫자 맞추기 게임 수신기 설정하기

▶ 변수 생성하기

list	숫자 데이터 저장소, 배열 구조에서 기본적으로 지정된 이름
index	검색할 숫자 데이터 위치, 반복(for) 블록에서 기본적으로 지정된 변수
popValue	꺼내야 할 임의의 숫자 데이터 위치
receivedString	라디오 수신 블록에서 자동 생성, 송신기에서 전달된 문자열 저장

▶ 라디오 그룹을 수신기와 일치시키고 작동 가능함을 표시하기

라디오 그룹을 송신기와 같게
255로 맞추고, 숫자가 생성될
배열을 초기화하는 'initList' 함수를 호출해.

▶ list 배열에 1~9까지의 숫자를 넣어 초기화하는 함수를 만들기

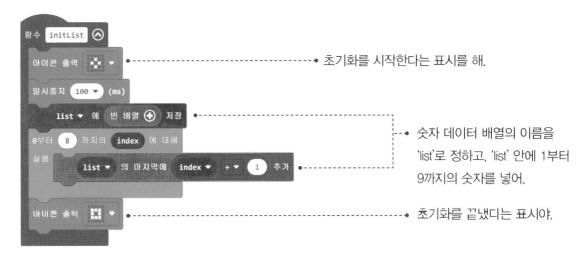

초기화를 시작한다는 표시를 해.

숫자 데이터 배열의 이름을
'list'로 정하고, 'list' 안에 1부터
9까지의 숫자를 넣어.

초기화를 끝냈디는 표시야.

▶ A+B버튼을 동시에 누르면 초기화하는 함수 호출

첫 번째 데이터를
꺼내려면 index를
0이라고 해야 해요

▶ 라디오 수신을 하면 전송 데이터에 따라 로또 번호를 표시하기

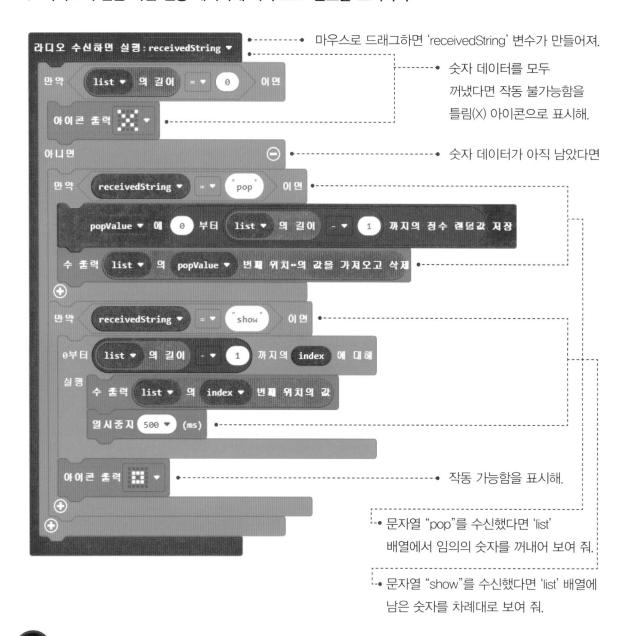

마우스로 드래그하면 'receivedString' 변수가 만들어져.

숫자 데이터를 모두
꺼냈다면 작동 불가능함을
틀림(X) 아이콘으로 표시해.

숫자 데이터가 아직 남았다면

작동 가능함을 표시해.

┊ 문자열 "pop"를 수신했다면 'list'
┊ 배열에서 임의의 숫자를 꺼내어 보여 줘.

┊ 문자열 "show"를 수신했다면 'list' 배열에
┊ 남은 숫자를 차례대로 보여 줘.

03 숫자 맞추기 게임 방법

게임 방법
❶ 숫자 발생기에는 1에서 9까지의 숫자가 들어 있습니다.(송신기의 A+B버튼을 누르면 확인할 수 있습니다.)
❷ 1에서 9까지의 숫자 중에서 각자 서로 다른 3개의 숫자를 정합니다.
❸ 송신기를 한 번 누르고, 수신기(숫자 발생기)에 표시된 것과 같은 자신의 숫자를 각자 지웁니다.
❹ ❸번을 2번 더 반복합니다.(송신기를 총 3번 누릅니다.)
❺ 숫자를 많이 지운 학생이 이깁니다.

LED 버튼 라디오

6 확인해 보아요

완성된 프로그램을 실행해 보고, 실행 결과에 이상이 없는지 점검해 봅시다.

 실행하기 130쪽 결과 예시와 비교하면서 실행해 봅시다.

송신기의 A 또는 B버튼을 누르면	송신기의 A와 B버튼을 동시에 누르면	수신기의 A와 B버튼을 동시에 누르면

송신기의 작은 다이아몬드가 커졌다가 작아지고, 수신기에는 숫자가 표시됩니다. 모든 숫자가 꺼내지면 수신기는 틀림(X) 아이콘으로 바뀝니다.	송신기의 작은 다이아몬드가 커졌다가 작아지고, 수신기는 남은 숫자를 모두 보여 준 뒤 작은 사각형으로 바뀝니다.	수신기의 작은 사각형이 작은 다이아몬드로 바뀌었다가 작은 사각형으로 다시 바뀌고 게임이 초기화됩니다.

 **한 걸음 더**

9개의 숫자 중에서 3개의 숫자를 꺼내는 것이 아니라, 10개의 숫자 중에서 3개의 숫자를 꺼내는 게임으로 바꾸어 봅시다.

송신기

수신기

0부터 4 까지의 index 에 대해
실행

블록을 이용해 보세요.

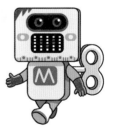

 **점검하기** 마카오톡 내용을 읽고, 활동을 마무리합시다.

▶ 마카오톡

혜진

송신기의 버튼을 눌러도 수신기에 아무런 반응이 없어요.

마비

'나도 프로그래머!' 1번과 2번 항목은 서로 다른 프로그램이에요. '나도 프로그래머!' 1번 항목은 송신기에 넣고, 2번 항목은 수신기에 넣어 보세요. 그리고 송신기와 수신기에 있는 라디오 그룹의 숫자가 일치하는지 확인해 보세요.

동헌

송신기의 버튼을 눌렀는데 수신기가 올바르게 동작하지 않아요.

마비

'나도 프로그래머!' 2번 항목에서는 '만약 ~이면 실행' 블록이 여러 개인데, 블록들의 배치가 올바른지 확인해 보세요.

혜진

송신기의 A버튼과 B버튼을 동시에 눌렀을 때, 수신기에서 1부터 10까지 표시가 돼요.

마비

'나도 프로그래머!' 1번 항목을 확인해 보세요. 'initList 함수'의 반복 블록에서 '0부터 8까지'를 '0부터 9까지'로 하지 않았는지 확인해 보세요.

수현

송신기의 A버튼과 B버튼을 각각 눌렀을 때, 실행되는 내용이 같은데 왜 A버튼과 B버튼을 따로 만들었나요?

마비

"어떤 버튼인지 신경 쓰지 않고 아무 버튼이나 1개만 누르면 숫자를 꺼낼 수 있습니다." 라는 의미를 표현하려고 했어요.

 활동을 잘 마무리했다면 다음 활동으로 넘어가 볼까요?

14장 흘리지 않는 쟁반

1 이번에는 무엇을 할까요?

사소한 불편함을 해결하기 위해 떠올린 반짝 아이디어는 우리 생활을 편리하게 만드는 큰 힘이 됩니다. 마비와 친구들이 생각해 낸 아이디어는 무엇일까요?

이번 활동에서는 마이크로비트의 기울기(가속도) 센서와 서보모터를 이용하여 자동으로 균형을 잡는 쟁반을 만들어 보겠습니다.

 **준비를 해요**

2

 **활동 목표**

1. 서보모터가 움직일 수 있는 각도의 범위를 알고 사용할 수 있다.
2. 마이크로비트의 기울기(가속도) 센서가 표현하는 각도의 범위를 이해할 수 있다.

준비물

컴퓨터

USB 케이블

마이크로비트

점퍼 와이어(수−수)
3개

악어 클립 케이블
3개

건전지 케이스와
건전지

서보모터(SG90)

189쪽 참고

가위 또는 칼

테이프

사인펜

 **결과 예시** 활동 결과 미리 보기입니다.

마이크로비트가 수평일 때	마이크로비트가 우측으로 기울어질 때	마이크로비트가 좌측으로 기울어질 때

서보모터의 날개가 직각으로 꺾여 쟁반이 바닥과 수평이 되도록 합니다.
(서보모터 날개 각도: 90°)

서보모터의 날개가 위쪽으로 움직여 쟁반이 바닥과 수평이 되도록 합니다.
(서보모터 날개 각도: 0°)

서보모터의 날개가 아래쪽으로 움직여 쟁반이 바닥과 수평이 되도록 합니다.
(서보모터 날개 각도: 180°)

──── 다른 각도에서 바라본 모습 ────

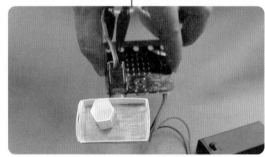

활동 시간은 60 분 정도 소요됩니다.

 **책 속의 선생님** 활동에 필요한 개념과 새로운 블록 설명입니다.

서보모터는 어떻게 사용할까?

기울기 센서는 움직임에 따라서 어떤 값을 가질까?

▶ **모터의 종류에는 무엇이 있나요?**

이 장에서는 서보모터를 사용합니다.

모터	모양	특징
DC모터		• 각도 조절이 어렵다. • 사용하기 쉽다.
서보모터		• 각도 조절이 쉽다. • 사용하기 쉽다. 　– 표준 서보모터: 0~180° 회전 가능 　– 무한 회전 서보모터: 360° 회전 가능
스테핑모터		• 세밀하게 각도를 조절할 수 있다. • 무겁고 비싸다.
AC모터		• 각도 조절이 어렵다. • DC모터에 비해 힘이 좋다.

▶ **표준 서보모터(SG90)와 마이크로비트는 어떻게 연결하나요?**

서보모터의 데이터, 전원, GND는 전선색으로 쉽게 구분할 수 있어요

P0에 연결

3V에 연결

GND에 연결

▶ **어떤 블록을 사용하나요?** 블록을 사용합니다.

 블록을 사용합니다.

서보값은 서보모터의 회전 각도 값입니다.

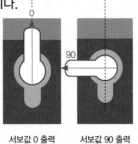

서보값 0 출력　　서보값 90 출력　　서보값 180 출력

▶ **마이크로비트의 기울기(가속도) 센서값은 어떻게 변하나요?**

하드웨어를 구성하고 장치를 페어링 한 뒤 아래처럼 블록을 사용합니다.

||| 콘솔 보이기 장치 구성   버튼을 누르면 기울기(가속도) 센서값의 변화를 확인할 수 있어요.

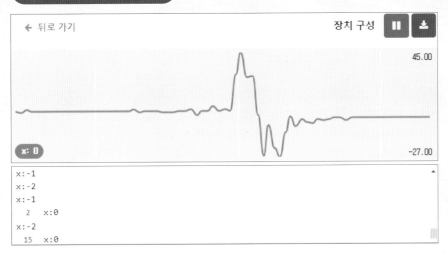

```
x:-1
x:-2
x:-1
   2   x:0
x:-2
  15   x:0
```

▶ **마이크로비트의 기울기와 서보모터의 각도의 관계를 파악해 볼까요?**

	마이크로비트의 기울기가 오른쪽으로 180°일 때	마이크로비트의 기울기가 오른쪽으로 90°일 때	마이크로비트의 기울기가 0°일 때	마이크로비트의 기울기가 왼쪽으로 90°일 때	마이크로비트의 기울기가 왼쪽으로 180°일 때
기울기	기울기 값: 180	기울기 값: 90	기울기 값: 0	기울기 값: −90	기울기 값: −180
	서보값 = 90 − 마이크로비트 기울기 값				
서보모터	사용 안함.	서보값 0 출력	서보값 90 출력	서보값 180 출력	사용 안함.
	−	**0** = 90 − 90	**90** = 90 − 0	**180** = 90 − (−90)	−

③ 내가 할 일을 알아보아요

현재 상태와 목표 상태를 알아보고, 목표 상태까지 수행해야 할 작업 순서를 살펴봅시다.

현재 상태
음료가 담긴 컵을
올려놓은 쟁반이 흔들려
음료가 쏟아진다.

목표 상태
자동으로 바닥과 수평을
맞춰 주는 쟁반에 음료가
담긴 컵을 올려
쏟지 않고 나른다.

수행해야 할 작업

❶ 마이크로비트에 서보모터를 붙이고, 마이크로비트를 컴퓨터에 연결하기
❷ 서보모터에 날개를 끼우고, 0°, 90°, 180°일 때의 위치 파악하기
❸ 서보모터가 90°일 때 서보모터 날개가 바닥과 수평이 되도록 끼우기
❹ 서보모터의 날개에 종이 쟁반 붙이기
❺ 마이크로비트의 기울기와 서보모터의 각도 사이에 관계식 구하기
❻ 마이크로비트 기울기에 따라 서보모터 각도가 지면에 수평을 유지하도록 움직이게 하기

④ 컴퓨터가 할 일을 알아보아요

프로그램을 작성하기 전에 컴퓨터가 어떤 일을 해야 하는지 살펴봅시다.

01
서보모터의 각도(서보값)에
따라 모터가 실제로 어떻게
움직이는지 확인하기

02
마이크로비트의 기울기
값의 변화 파악하기

03
마이크로비트를 기울여도
서보모터 날개가 지면과
수평을 유지하게 하기

하드웨어를 구성해 보아요

마이크로비트와 서보모터를 연결해 봅시다. ※종이 쟁반 모형은 교재 189쪽 전개도를 사용하세요.

실제 구성 모습

마이크로비트와 서보모터를
테이프로 결합합니다.

서보모터 날개 위에 종이
쟁반을 테이프로 붙입니다.

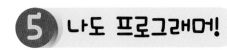

기울기(가속도) 센서   모터

5 나도 프로그래머!

자, 지금까지 알아본 내용을 바탕으로 프로그램을 작성해 봅시다.

01 서보모터의 각도(서보값)에 따라 모터가 실제로 어떻게 움직이는지 확인하기

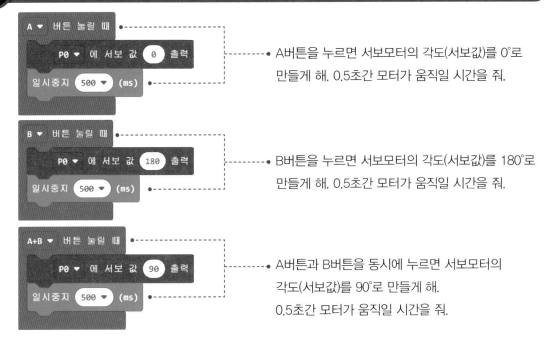

A버튼을 누르면 서보모터의 각도(서보값)를 0°로 만들게 해. 0.5초간 모터가 움직일 시간을 줘.

B버튼을 누르면 서보모터의 각도(서보값)를 180°로 만들게 해. 0.5초간 모터가 움직일 시간을 줘.

A버튼과 B버튼을 동시에 누르면 서보모터의 각도(서보값)를 90°로 만들게 해. 0.5초간 모터가 움직일 시간을 줘.

02 마이크로비트의 기울기 값의 변화 파악하기

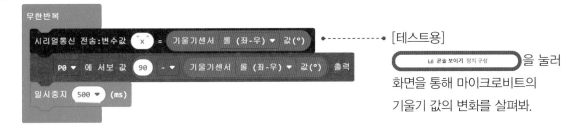

[테스트용]

(❙❙❙ 콘솔 보이기 장치 구성)을 눌러 화면을 통해 마이크로비트의 기울기 값의 변화를 살펴봐.

03 마이크로비트를 기울여도 서보모터 날개가 지면과 수평을 유지하게 하기

'서보모터의 각도(서보값) = 90 − 마이크로비트 기울기값'의 관계식으로 서보모터를 지면에 수평하게 만들어.

 **확인해 보아요**

완성된 프로그램을 실행해 보고, 실행 결과에 이상이 없는지 점검해 봅시다.

 **실행하기** 143쪽 결과 예시와 비교하면서 실행해 봅시다.

마이크로비트를 지면과 수평이 되도록 잡았을 때	마이크로비트를 오른쪽으로 기울였을 때	마이크로비트를 왼쪽으로 기울였을 때

서보값이 90 출력되면서 쟁반이 지면과 수평이 됩니다.	서보값이 0 출력되면서 쟁반이 지면과 수평이 됩니다.	서보값이 180 출력되면서 쟁반이 지면과 수평이 됩니다.

 한 걸음 더

프로그램을 작성하는 과정 중 **03**번 과정에서 `일시중지 500 ▼ (ms)` 블록을

제거하면 어떻게 될까요? 프로그램을 수정하여 실행한 뒤, 결과를 이야기해 봅시다.

명령어 블록들 간의 전환 속도는
0.001초 이내의 아주 빠른 속도이지만,
서보모터의 움직임은 그러한 속도를
감당할 수 없습니다.

 **점검하기** 마카오톡 내용을 읽고, 활동을 마무리합시다.

▸ 마카오톡

준영
쟁반이 지면과 수평으로 움직이지 않아요.

마비
책 속의 선생님의 '마이크로비트 기울기와 서보모터 값의 관계를 파악해 볼까요?'와 '하드웨어를 구성해 보아요'를 읽고, 서보모터를 마이크로비트의 정확한 위치에 부착해 보세요.

수진
서보모터가 끝까지 돌아가지 않아요.

마비
저가형 서보모터에서 일어날 수 있는 현상이에요. 서보모터는 전압이나 전류 세기의 변화로 각도를 조절하므로, 전압이나 전류가 충분치 않은 방향으로 움직이면 끝까지 돌아가지 않을 수 있어요.

동헌
[콘솔 보이기 장치 구성] 버튼이 보이지 않아요.

마비
책 속의 선생님의 '마이크로비트 기울기 센서값은 어떻게 변하나요?'를 읽고 확인해 보세요. 장치를 페어링 해야만 [콘솔 보이기 장치 구성] 버튼이 보여요.

혜진
서보모터에서 소리는 나는데 움직임이 없어요.

미비
'나도 프로그래머!' 1번 항목을 읽고, 모터가 움직일 수 있도록 시간을 주었는지 확인해 보세요. '서보값 출력' 블록 다음에 '일시중지' 블록이 없거나 시간 간격이 충분하지 않으면 그럴 수도 있습니다.

활동을 잘 마무리했다면 다음 활동으로 넘어가 볼까요?

마이크로비트를 활용한 메이커 활동
서보모터와 마이크로비트의 만남!

1 서보모터는 무엇인가요?

서보모터란 180도 범위 내에서 각도 조절이 가능한 모터입니다. 무한 회전 서보모터의 경우 각도 조절은 불가능하지만 360도 회전할 수 있어 방향과 속도를 조절할 수 있습니다. 마이크로비트와 서보모터를 활용한 작품을 살펴볼까요?

서보모터

무한 회전
서보모터

2 마이크로비트와 서보모터를 이용하여 만든 작품에는 어떤 것이 있나요?

RC카

무한 회전 서보모터를 이용한 무선 RC카!

마이크로비트의 라디오 신호와 무한 회전 서보모터를 이용해 무선 RC카와 컨트롤러를 만들 수 있어요.

인사하는 관절 인형

나를 향해 반갑게 손을 흔드는 관절 인형!

마이크로비트와 서보모터를 이용하여 관절 인형을 간단히 만들어 볼 수 있어요.

재활용품 헬리콥터

무한 회전 서보모터를 이용하여 만든 헬리콥터!

무한 회전 서보모터의 힘이 강하지 않아 실제로 날 수는 없지만, 재활용품으로 헬리콥터 모형을 만들 수 있어요.

오르골

빙글빙글 돌아가며 노랫소리가 흘러나오는 오르골! 다들 알고 있지요?

마이크로비트에 스피커와 무한 회전 서보모터를 연결하여 오르골을 만들 수 있어요.

15장 쿠킹 타이머

① 이번에는 무엇을 할까요?

요리할 때마다 시간 설정을 하려면 매우 불편합니다. 시간 설정을 하지 않고 자주 사용하는 요리의 시간을 미리 저장해 놓으려면 어떻게 해야 할까요?

이번 활동에서는 마이크로비트의 기울기(가속도) 센서와 작동 시간(ms) 블록, 그리고 별도의 부품인 피에조 버저를 활용하여 쿠킹 타이머를 만들어 보겠습니다.

활동 목표
1. 마이크로비트에 피에조 버저를 연결하여 사용할 수 있다.
2. 자기 센서의 스크린 하늘 방향, 로고 하늘 방향, 로고 땅 방향, 왼쪽 기울임, 오른쪽 기울임 등의 감지 위치를 이해할 수 있다.
3. 마이크로비트의 작동 시간 블록으로 타이머를 만들 수 있다.

준비물

컴퓨터	USB 케이블	마이크로비트
악어 클립 케이블 2개	건전지 케이스와 건전지	피에조 버저
191쪽 참고	가위 또는 칼	테이프

"피에조 버저와 악어 클립 케이블은 마이크로비트 V1.5 이하 사용 시 필요합니다."

결과 예시   활동 결과 미리 보기입니다.(마이크로비크가 놓인 방향은 156쪽 참고)

스크린 하늘 방향일 때

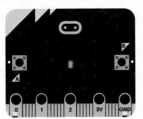

중앙에 점이 표시되고
타이머 기능을 하지 않은
상태입니다.

로고 하늘 방향일 때

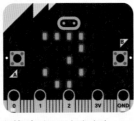

'3'(분)이 표시됩니다.

오른쪽 기울임일 때

'5'(분)가 표시됩니다.

타이머가 0이 되면

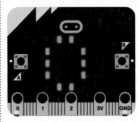

카운트다운 후 0이 되면
알람이 울립니다.

왼쪽 기울임일 때

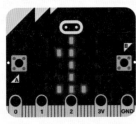

'10'(분)이 표시됩니다.

로고 땅 방향일 때

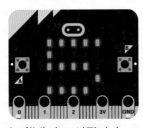

'50'(분)이 표시됩니다.

──── 마이크로비트가 놓인 방향에 따른 시간 표시 ────   완료

활동 시간은 90 분 정도 소요됩니다.

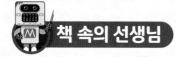 **책 속의 선생님** 활동에 필요한 개념과 새로운 블록 설명입니다.

어떤 블록을 사용해야 타이머를 쉽게 만들 수 있을까?

시간을 측정하는 방법은 10장 99쪽에서 배웠어.

▶ 피에조 버저는 어떻게 사용할까요?

- 피에조 버저는 음향을 출력하는 전자 부품으로 수많은 전자 기기에서 경고음, 알람, 멜로디 등의 소리를 낼 때 주로 사용합니다.
- 버저를 자세히 살펴보면 양(⊕)극과 음(⊖)극으로 나누어져 있는 것을 알 수 있습니다. 극성이 쓰여 있지 않다면 다리가 긴 쪽이 양(⊕)극입니다.
- 피에조 버저는 주파수를 활용하여 음계를 출력합니다. 아래의 옥타브 및 음계별 표준 주파수에 따른 신호를 줌으로써 원하는 음계의 소리를 낼 수 있습니다.

일반적인 옥타브는 4옥타브이므로, '도'음의 주파수는 261.6256입니다.

옥타브 음계	1	2	3	4	5	6	7	8
C(도)	32.7032	65.4064	130.8128	261.6256	523.2511	1046.502	2093.005	4186.009
C#	34.6478	69.2957	138.5913	277.1826	554.3653	1108.731	2217.461	4434.922
D(레)	36.7081	73.4162	146.8324	293.6648	587.3295	1174.659	2349.318	4698.636
D#	38.8909	77.7818	155.5636	311.1272	622.2544	1244.509	2489.018	4978.036
E(미)	41.2034	82.4069	164.8138	329.6276	659.2551	1318.51	2637.02	5274.041
F(파)	43.6535	87.3071	174.6141	349.2282	698.4565	1396.913	2793.826	5587.652
F#	46.2493	92.4986	184.9972	369.9944	739.9888	1479.978	2959.955	5919.911
G(솔)	48.9994	97.9989	195.9977	391.9954	783.9909	1567.982	3135.963	6271.927
G#	51.913	103.8262	207.6523	415.3047	830.6094	1661.219	3322.438	6644.875
A(라)	55	110	220	440	880	1760	3520	7040
A#	58.2705	116.5409	233.0819	466.1638	932.3275	1864.655	3729.31	3951.066
B(시)	61.7354	123.4708	246.9417	493.8833	987.7666	1975.533	3951.066	7902.133
C(도)	65.4064	130.8128	261.6256	523.2511	1046.502	2093.005	4186.009	8372.018

▶ **마이크로비트와 피에조 버저는 어떻게 연결할까요?**

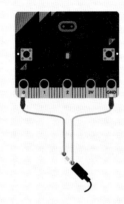

• 피에조 버저도 이어폰과 연결하는 것과 마찬가지로
마이크로비트의 P0에 피에조 버저의 양(⊕)극을 연결하고,
마이크로비트의 GND에 피에조 버저의 음(⊖)극을 연결하면 됩니다.

▶ **어떤 블록을 사용하나요?** [⊙ 입력], [🖩 계산], [♫ 음악] 블록을 사용합니다.

블록	블록 설명
작동시간(ms)	전원이 들어오고 나면 작동 시간을 1/1,000초(ms) 단위로 알려 줍니다.
버림 ▼ 0	소수점이 없는 정수 단위의 초를 구할 때 사용합니다.
다다둠 ▼ 멜로디 한 번 ▼ 출력	약 20개의 저장된 멜로디 중에 하나를 선택하여 소리를 내는 블록입니다.

▶ 【버림 ▼ 0】 **블록으로 어떻게 정수 단위의 초를 구할까요?**

10장에서 배운 것처럼 1,000으로 나누어 초(s) 단위로 구한 값은 소수점 셋째 자리까지
포함한 값입니다.

따라서 소수가 나온다면 【버림 ▼ 0】 블록을 사용하여 소수점이 없는 정수
단위의 초를 구합니다.

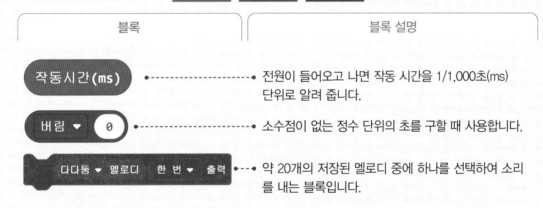

A시점과 B시점 사이의 시간(s) = Truncate(A시점과 B시점 사이의 시간(ms) ÷ 1,000)

▶ **음악 블록은 어떻게 구성되어 있나요?**

【♫ 음악】 블록은 마이크로비트의 P0핀을 통해 원하는 음이나 저장된 멜로디를
출력하기 위한 명령어 블록으로 구성되어 있습니다.

3 내가 할 일을 알아보아요

현재 상태와 목표 상태를 알아보고, 목표 상태까지 수행해야 할 작업 순서를 살펴봅시다.

현재 상태
자주 사용하는 요리 시간을 알려 주는 쿠킹 타이머가 필요하다.

목표 상태
3분, 5분, 10분, 50분의 시간을 알려 주는 쿠킹 타이머를 만든다.

수행해야 할 작업

❶ 마이크로비트를 붙일 수 있는 정육면체 만들기

❷ 정육면체의 정면에 마이크로비트를 붙이고, 반대편에 건전지 케이스를 붙이기

❸ 마이크로비트와 피에조 버저를 악어 클립 케이블로 연결하기

❹ 마이크로비트의 놓인 방향에 따른 기능을 정하기(초기화, 타이머 설정 네 가지)

❺ 타이머를 초 단위로 보여 줄지, 분 단위로 보여 줄지 정하기

❻ 타이머를 오름차순으로 카운트할 것인지 반대로 카운트다운할 것인지 정하기

❼ 어떤 알람 소리로 울리게 할 것인지 정하기

❽ 알람 시간을 체크하는 간격을 조절하여 건전지 소모 줄이기

❾ 마이크로비트를 부착한 위치의 방향을 바꾸면 기존의 타이머 작업이 즉시 취소될 수 있도록 하기

스크린 하늘 방향	로고 위쪽 방향	오른쪽 기울임
타이머 정지	3분 타이머 작동	5분 타이머 작동

스크린 하늘 방향은 LED 스크린이 위쪽에 놓인 상태입니다.

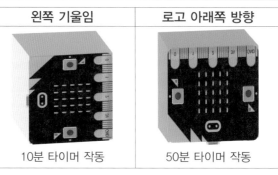

왼쪽 기울임	로고 아래쪽 방향
10분 타이머 작동	50분 타이머 작동

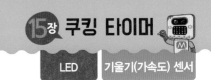

4 컴퓨터가 할 일을 알아보아요

프로그램을 작성하기 전에 컴퓨터가 어떤 일을 하는지 살펴봅시다.

01
타이머 설정
초기화하기

02
초기화와 3분
타이머 기능
동작시키기

03
3분 타이머
설정하기

04
5분, 10분,
50분 타이머
완성하기

하드웨어를 구성해 보아요

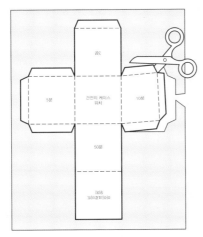

❶ 183쪽의 정육면체를 가위로 오립니다.

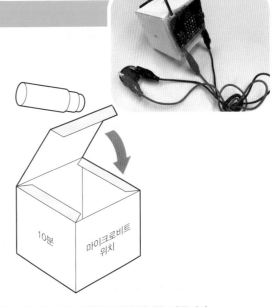

❷ 풀이나 테이프를 이용하여 정육면체를 만듭니다.

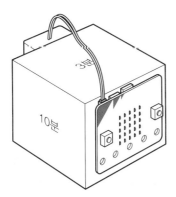

❸ 마이크로비트와 건전지 케이스를 앞에서 만든
정육면체에 테이프를 이용하여 붙입니다.

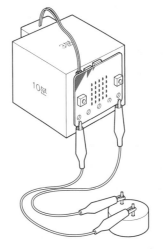

❹ 마이크로비트와 피에조 버저를 악어 클립으로 연결
합니다.

"피에조 버저 연결은 마이크로비트 V1.5 이하 사용 시 필요합니다."

5 나도 프로그래머!

자, 지금까지 알아본 내용을 바탕으로 프로그램을 작성해 봅시다.

01 타이머 설정 초기화하기

▶ 변수 생성하기

setTime(m)	정육면체의 각 면에 설정된 타이머(분)
setTime(s)	정육면체의 각 면에 설정된 타이머(초) = setTime(m)을 초로 환산한 값
timeStart(ms)	정육면체의 타이머 설정이 시작되는 시각(밀리초)
timeEnd(ms)	정육면체의 타이머 설정 뒤 주기적으로 체크하는 순간의 시각(밀리초)
timeSpent(s)	소수점 이하를 버린 값

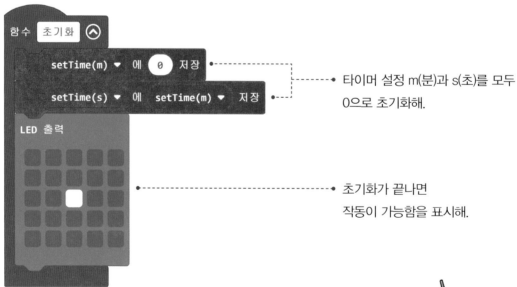

시작하면

함수호출 초기화 ······················· 초기화 함수를 호출해.

함수 초기화 ⌃

setTime(m) ▼ 에 0 저장 ┐

setTime(s) ▼ 에 setTime(m) 저장 ┘ ······· 타이머 설정 m(분)과 s(초)를 모두 0으로 초기화해.

LED 출력

······················· 초기화가 끝나면 작동이 가능함을 표시해.

프로그램이 시작되면
타이머 설정을 초기화합니다.

02 초기화와 3분 타이머 기능 동작시키기

▶ 마이크로비트가 놓인 방향에 따른 타이머 설정

마이크로비트가 놓인 방향	타이머 설정
스크린 하늘 방향일 때	0분 (초기화, LED 중앙에 점 표시)
로고 위쪽 방향	3분 (LED에 '3' 표시)
오른쪽 기울임일 때	5분 (LED에 '5' 표시)
왼쪽 기울임일 때	10분 (LED에 '10' 표시)
로고 아래쪽 방향	50분 (LED에 '50' 표시)

스크린 하늘 방향일 때
초기화 함수를 호출해.

로고 위쪽 방향일 때
3분으로 타이머를 설정해.

오른쪽 기울임일 때 5분으로
타이머를 설정해.

왼쪽 기울임일 때 10분으로
타이머를 설정해.

로고 아래쪽 방향일 때 50분으로
타이머를 설정해.

마이크로비트가 놓인 방향에 따라
타이머 기능을 동작시킵니다.

3분 타이머를 180초 타이머로 변환해.

타이머 시작 시각부터 흐른 시간을 확인해.

타이머 설정 시각을 항상 확인하면, 마이크로비트 위치가 변하자마자 동작 중지가 가능해.

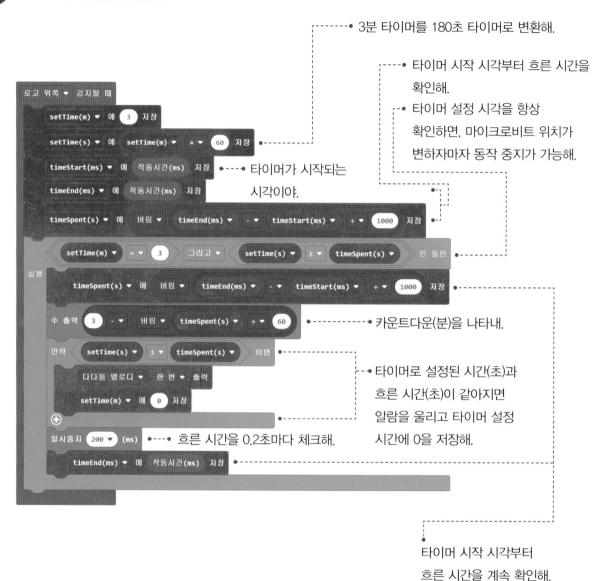

타이머가 시작되는 시각이야.

카운트다운(분)을 나타내.

타이머로 설정된 시간(초)과 흐른 시간(초)이 같아지면 알람을 울리고 타이머 설정 시간에 0을 저장해.

흐른 시간을 0.2초마다 체크해.

타이머 시작 시각부터 흐른 시간을 계속 확인해.

04 5분, 10분, 50분 타이머 완성하기

▶ 5분 타이머

3분 타이머 블록을 복사하여 네 곳을 수정하고 5분 타이머를 만듭니다.

오른쪽 기울임 ▼ 감지될 때 ·········· ◀━● 수정할 부분: 감지 위치

setTime(m) ▼ 에 5 저장 ·········· ◀━● 수정할 부분: 타이머 설정(분)

setTime(s) ▼ 에 setTime(m) ▼ × 60 저장

timeStart(ms) ▼ 에 작동시간(ms) 저장

timeEnd(ms) ▼ 에 작동시간(ms) 저장

timeSpent(s) ▼ 에 버림 ▼ timeEnd(ms) ▼ - ▼ timeStart(ms) ▼ ÷ ▼ 1000 저장

setTime(m) ▼ = ▼ 5 그리고 ▼ setTime(s) ▼ ≥ ▼ timeSpent(s) ▼ 인 동안

실행

timeSpent(s) ▼ 에 버림 ▼ timeEnd(ms) ▼ - ▼ timeStart(ms) ▼ ÷ ▼ 1000 저장

수 출력 5 - ▼ 버림 ▼ timeSpent(s) ▼ ÷ ▼ 60

만약 setTime(s) ▼ ≤ ▼ timeSpent(s) ▼ 이면

다디둠 멜로디 ▼ 한 번 ▼ 출력

setTime(m) ▼ 에 0 저장

⊕

일시중지 200 ▼ (ms)

timeEnd(ms) ▼ 에 작동시간(ms) 저장

블록을 복사할 때에는 복사하고 싶은 블록 위에 마우스 커서를
올려놓고 마우스 오른쪽 버튼을 눌러서 나오는 복사 메뉴를 클릭하거나
복사하고 싶은 블록을 선택한 뒤 Ctrl + C (복사하기)를 하고,
다시 Ctrl + V (붙여넣기)를 하면 됩니다.

▶ 10분 타이머

3분 타이머 블록을 복사하여 네 곳을 수정하고 10분 타이머를 만듭니다.

수정할 부분: 감지 위치

수정할 부분: 타이머 설정(분)

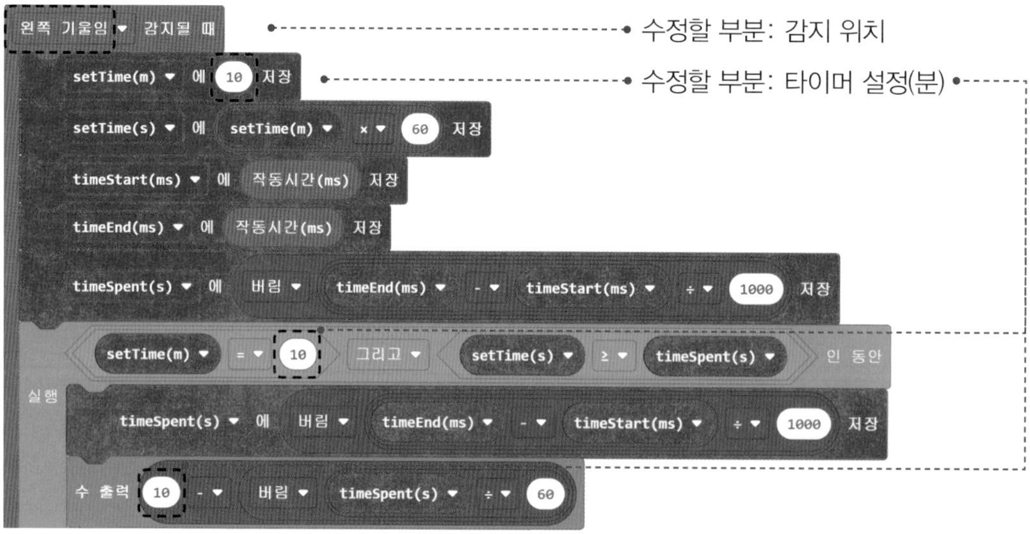

▶ 50분 타이머

3분 타이머 블록을 복사하여 네 곳을 수정하고 50분 타이머를 만듭니다.

수정할 부분: 감지 위치

수정할 부분: 타이머 설정(분)

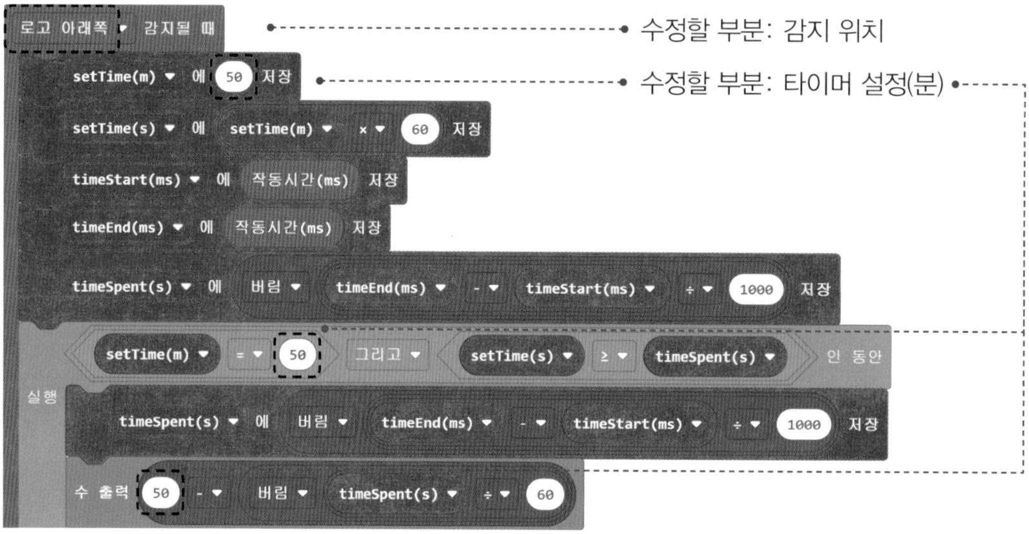

6 확인해 보아요

완성된 프로그램을 실행해 보고, 실행 결과에 이상이 없는지 점검해 봅시다.

 153쪽 결과 예시와 비교하면서 실행해 봅시다.

스크린 하늘 방향일 때

중앙에 점이 표시됩니다.
타이머 기능을 하지 않습니다.

로고 위쪽 방향일 때

'3'(분)이 표시되고, 분 단위로
카운트다운되어 0이 되면
알람이 울립니다.

오른쪽 기울임일 때

'5'(분)가 표시되고, 분 단위로
카운트다운되어 0이 되면
알람이 울립니다.

왼쪽 기울임일 때

'10'(분)이 표시되고, 분 단위로
카운트다운되어 0이 되면
알람이 울립니다.

로고 아래쪽 방향일 때

'50'(분)이 표시되고, 분 단위로
카운트다운되어 0이 되면
알람이 울립니다.

타이머가 0이 되면

알람이 울립니다.

프로그램을 다음과 같이 개선해 봅시다.

1. 화면 표시를 분(m)이 아닌 초(s)로 나타내어 봅시다.

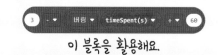

이 블록을 활용해요.

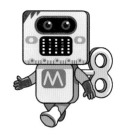

2. 3분으로 설정하면 카운트다운이 되어 0분에서 알람이 울리는 것이 아니라 0분에서 시작하여 3분이 되었을 때 알람이 울리도록 바꾸어 봅시다.

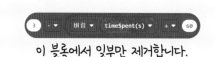

이 블록에서 일부만 제거합니다.

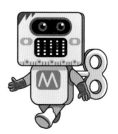

3. 스크린을 하늘 방향으로 향하게 하여 초기화하면 소리가 나지 않도록 기능을 수정해 봅시다.

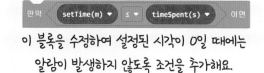

이 블록을 수정하여 설정된 시각이 0일 때에는 알람이 발생하지 않도록 조건을 추가해요.

 점검하기　마카오톡 내용을 읽고, 활동을 마무리합시다.

▶ 마카오톡

혜진
마이크로비트의 방향을 바꿨는데, 타이머 설정이 즉시 변경되지 않아요.

마비
'나도 프로그래머!' 3번 항목을 확인해 보세요. 반복 블록의 반복 조건 속에서 'setTime =' 블록이 '그리고' 블록으로 연결되어 있지 않으면 오류가 발생할 수 있어요. '스크린 하늘 방향'으로 초기화시킨 뒤 방향을 전환하면 타이머 설정이 자연스러울 수도 있어요.

수연
타이머의 알람이 울리지 않아요.

마비
마이크로비트와 피에조 버저가 서로 잘 연결되어 있는지 확인해 보세요. 그리고 건전지의 양이 충분한지, 건전지 케이스의 전원이 켜져 있는지 확인해 보세요.

혜진
타이머로 설정된 시간(초)과 흐른 시간(초)이 같아지면 알람이 울리는 블록에서 '등호(=)'를 쓰지 않고 '작거나 같으면(≤)'을 쓴 이유가 있나요?

마비
오류가 발생할 수 있는 상황을 대비하기 위해서예요. 만약 '등호(=)'를 쓴 상태에서 버림(truncate) 블록을 쓰지 않았다면, '3분 ≠ 3.01분'과 같은 상황이 발생할 수 있어요.

모든 활동을 잘 마무리하였습니다.

제3부

더 알고 싶은
마이크로비트
심화 이야기

❶

마이크로비트와 외부 장치 연결하기

❷

그 밖의 마이크로비트 프로그래밍 언어 소개

① 마이크로비트와 외부 장치 연결하기

마이크로비트의 외부 장치 연결용 핀을 이용하여 LED, 모터, 센서 등의 외부 장치를 연결할 수 있습니다.
마이크로비트와 외부 장치를 연결할 때 고려해야 할 점은 아래와 같습니다.

01 마이크로비트 확장 보드 사용

마이크로비트는 사용하는 장치에 따라 확장 보드를 사용합니다.

마이크로비트 본체는 악어 클립 또는 바나나 커넥터로 연결하기 쉽게 0, 1, 2, 3V, GND 핀을 크게 만들어 두었습니다. 그렇다면 모든 장치를 다 연결하기 쉬울까요? 서보모터(SG-90)를 비롯하여 초음파 센서(HC-SR04P) 등 많은 외부 장치들의 연결 단자가 아래와 같은 모양을 하고 있습니다.

▲ SG-90 서보모터

▲ HC-SR04P 초음파 센서

위와 같은 형태의 단자는 악어 클립으로 연결하기 어려운 구조입니다. 따라서 여러 개의 외부 장치를 점퍼선으로 손쉽게 연결하기 위해서 아래와 같은 확장 보드를 사용합니다.

▲ 확장 보드

확장 보드의 종류에 따라 다양한 기능을 추가하여 사용할 수 있습니다.

일부 확장 보드의 종류에 따른 기능과 특징은 아래 표에서 확인할 수 있습니다.

	Edge Connector Breakout Board for BBC micro:bit	Micro:Mate – A Mini Expansion Board for micro:bit	Elecfreaks sensor: bit for micro:bit
제품명			
회사	Kitronik	DFROBOT	ELECFREAKS
특징	• 가장 기본적인 확장 보드 • 대부분의 외부 장치 연결용 핀을 점퍼선으로 연결 • 추가 전원 공급 기능은 제공하지 않음.	• 6개의 외부 장치 연결 • USB 추가 전원 공급 시 3V 및 5V 전압 출력 • 5V의 센서 또는 모터 등도 사용할 수 있음. • 이어폰 연결 단자 제공	• 대부분의 외부 장치 연결용 핀을 점퍼선으로 연결 • 이어폰 연결 단자 및 내장 버저(스피커) 제공 • 연결 시 전압 강하 현상으로 2.7~9V로 전압이 떨어져 외부 장치 연결이 제한됨.

	ELECFREAKS Basic:bit	ElecFreaks Micro:bit Breakout Board	micro:bit Prototype Expansion Board
제품명			
회사	ELECFREAKS	ELECFREAKS	ELECROW
특징	• 큰 핀(0, 1, 2, 3V, GND)만 점퍼선으로 연결할 수 있도록 만든 확장 보드 • 내장 버저(스피커) 제공 • 가장 단순한 확장 보드로 가격이 저렴함. • 이 확장 보드로 90% 이상의 프로젝트 실시 가능 • 볼트로 연결하는 형태라 조립이 다소 불편함.	• 모든 외부 장치 연결용 핀을 점퍼선으로 연결 • 추가 전원 없이도 3V 및 5V 전압 출력 • 5V의 센서 또는 모터 등도 사용할 수 있음. • 가격이 다소 비쌈.	• 대부분의 외부 장치 연결용 핀을 점퍼선으로 연결 • 외부 전원(JST핀) 입력 시 3V 및 5V 전압 출력 • 5V의 센서 또는 모터 등도 사용할 수 있음. • 회로 연결용 브레드보드를 포함함. • 가격이 비쌈.

비슷해 보이는 센서도 작동 전압이 다를 수 있으니 주의해야 합니다.

마이크로비트는 3V의 전압 출력을 지원합니다. 따라서 추가적인 전원 회로 구성없이는
3V에서 작동하는 외부 장치만 사용할 수 있습니다.

▲ HC-SR04 초음파 센서	HC-SR04 초음파 센서와 SG-90 서보모터는 마이크로비트에 사용하기 적합하지 않습니다.	▲ SG-90 서보모터
▲ HC-SR04P 초음파 센서	HC-SR04P 초음파 센서와 EF92A 서보모터는 3.3V 전압에서 작동하기 때문에 마이크로비트에 연결하여 사용할 수 있습니다.	▲ EF92A 서보모터

03 외부 장치의 작동 방식 확인

외부 장치의 작동 방식을 확인해야 합니다.

외부 장치의 작동 방식에 따라서 메이크코드에서 코딩이 복잡하고 어려울 수가 있습니다.
초음파 센서를 예로 들어 살펴보겠습니다.

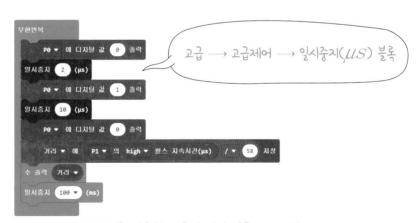

고급 ⟶ 고급제어 ⟶ 일시중지(μs) 블록

▲ 기본 제공 블록을 사용한 초음파 센서 사용 프로그램

위 블록들은 초음파 센서로 물체와의 거리를 측정하여 LED로 나타내는 프로그램입니다.
처음 코딩을 접하는 학생들은 이해하기 어려울 수도 있습니다.

하지만 메이크코드에서 자주 사용하는 몇몇 외부 장치들에 대한 명령 블록을 제공하고
있기 때문에 쉽게 블록을 조립할 수 있습니다.

▲ 메이크코드에서 제공하는 다양한 추가 명령 블록

이러한 추가 명령 블록을 사용한다면 아래와 같이 간단히 초음파 센서와 물체와의 거리를
LED로 나타낼 수 있습니다.

추가 명령 블록을 사용하여 나타낸
초음파 센서 사용 프로그램

마이크로비트에 어떤 외부 장치를 쓸 수 있는지 알아보는 가장 간단하고 확실한
방법은 인터넷 검색을 통해 내가 사용하고자 하는 외부 장치를 마이크로비트에
연결한 사례가 있는지 찾아보는 것입니다.
마이크로비트는 전 세계적으로 소프트웨어 교육과 메이커 교육 등에 널리
활용되고 있고 이미 수많은 사례가 인터넷에 공개되어 있습니다.

그 밖의 마이크로비트 프로그래밍 언어 소개

파이썬은 코딩 초보자뿐만 아니라 데이터 분석 전문가, 인공지능 분야에서도 사용하는 세계에서 인기가 있는 프로그래밍 언어 중 하나입니다. 파이썬은 텍스트 기반 프로그래밍 언어로 처음에는 어려워 보이나 조금만 연습하면 누구나 사용할 수 있습니다.

마이크로비트용 파이썬을 마이크로파이썬(MicroPython)이라고 부릅니다.

마이크로파이썬은 http://python.microbit.org로 접속하면 사용할 수 있습니다.

01 마이크로파이썬

전 세계 공식 파이썬 커뮤니티(Python Community)에 의해 지원되는 코딩 입력 창입니다.

02 마이크로비트의 LED로 "Hello"라는 글자를 출력하는 프로그램

아래 명령은 언어는 다르지만 모두 마이크로비트의 LED로 "Hello!"라는 글자를 출력하는 메이크코드와 마이크로파이썬 프로그램입니다.

메이크코드	마이크로파이썬

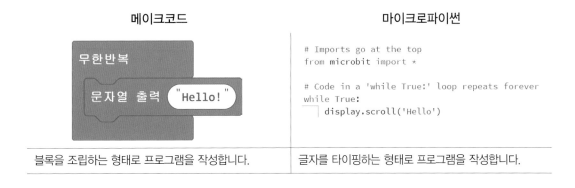

블록을 조립하는 형태로 프로그램을 작성합니다.	글자를 타이핑하는 형태로 프로그램을 작성합니다.

메이크코드 블록

일반

⠿ 기본 **마이크로비트의 디스플레이 실행 및 출력과 관련된 기본적인 함수/동작을 실행시키는 블록**

◎ 입력 **센서들로부터 전송된 이벤트와 데이터를 제어하는 블록**

♫ 음악 **마이크로비트의 음 주파수와 박자 길이 블록을 이용하여 소리를 출력하는 블록**

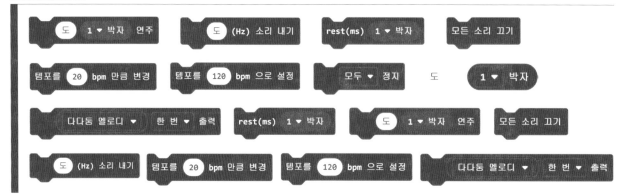

마이크로비트의 LED 스크린을 제어하는 블록

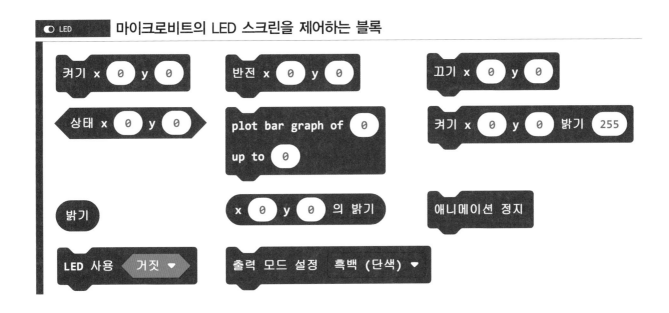

라디오 통신을 사용하여 데이터를 송수신하는 블록

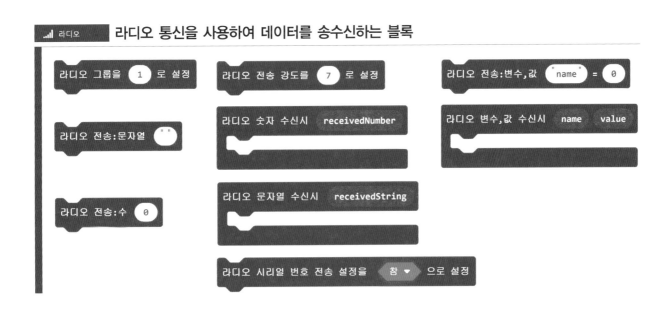

명령어들을 얼마나 반복할 것인가에 대한 조건을 걸어주는 블록

⚄ 논리 ▎ 논리적 계산을 통해서 함수들의 실행 조건을 판단하는 블록

☰ 변수 ▎ 변수를 생성하거나 변경하는 블록

🖩 계산 ▎ 수학적인 계산과 관련된 블록

함수
여러 개의 블록을 조합하여 하나의 명령으로 만드는 블록

함수호출 numbering

배열
여러 개의 자료를 하나의 이름으로 저장하는 명령과 관련된 블록

게임
스크린에서 움직이는 게임의 점수를 저장하고 게임 플레이를 제어하는 블록

핀
디지털/아날로그 등에서 사용되는 외부 연결 핀의 전류를 제어하는 블록

메모

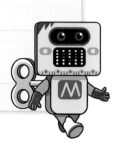

1장 활동 (30쪽)

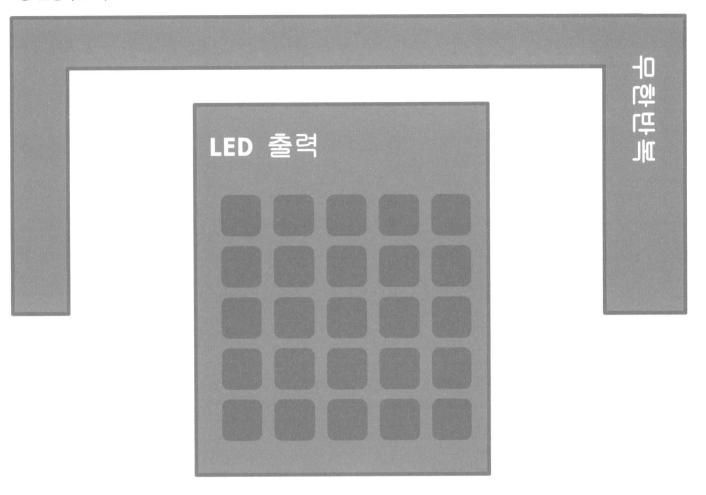

2장 활동 (48쪽)

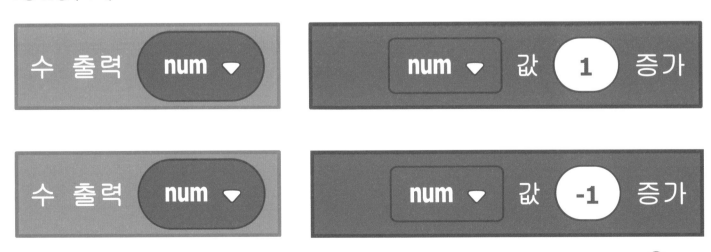

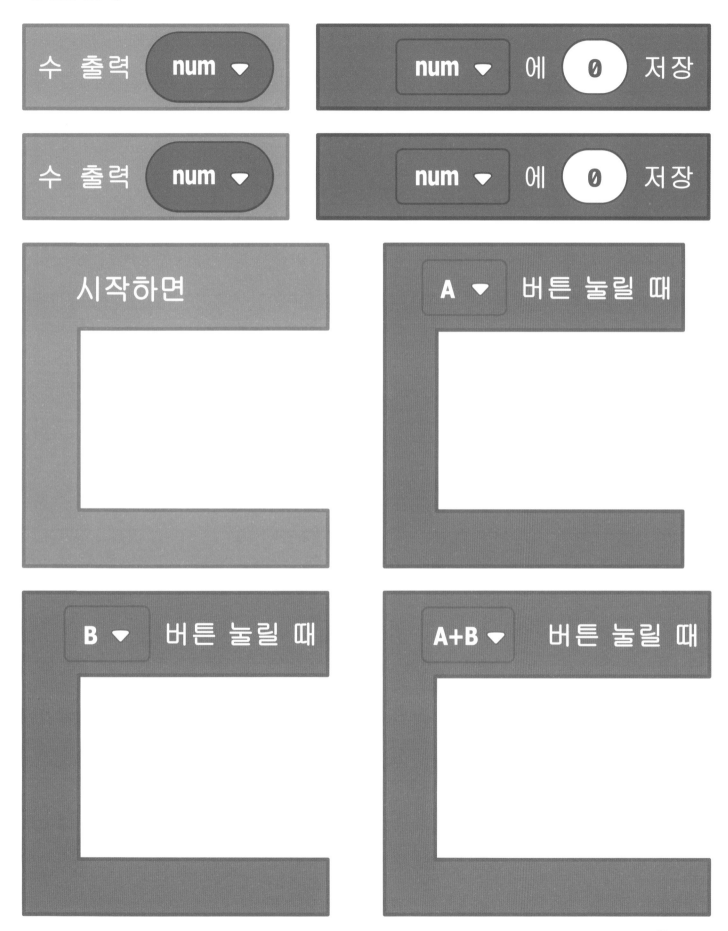

수 출력 num ▼

num ▼ 에 0 저장

수 출력 num ▼

num ▼ 에 0 저장

시작하면

A ▼ 버튼 눌릴 때

B ▼ 버튼 눌릴 때

A+B ▼ 버튼 눌릴 때

8장 활동 (89쪽)

선풍기

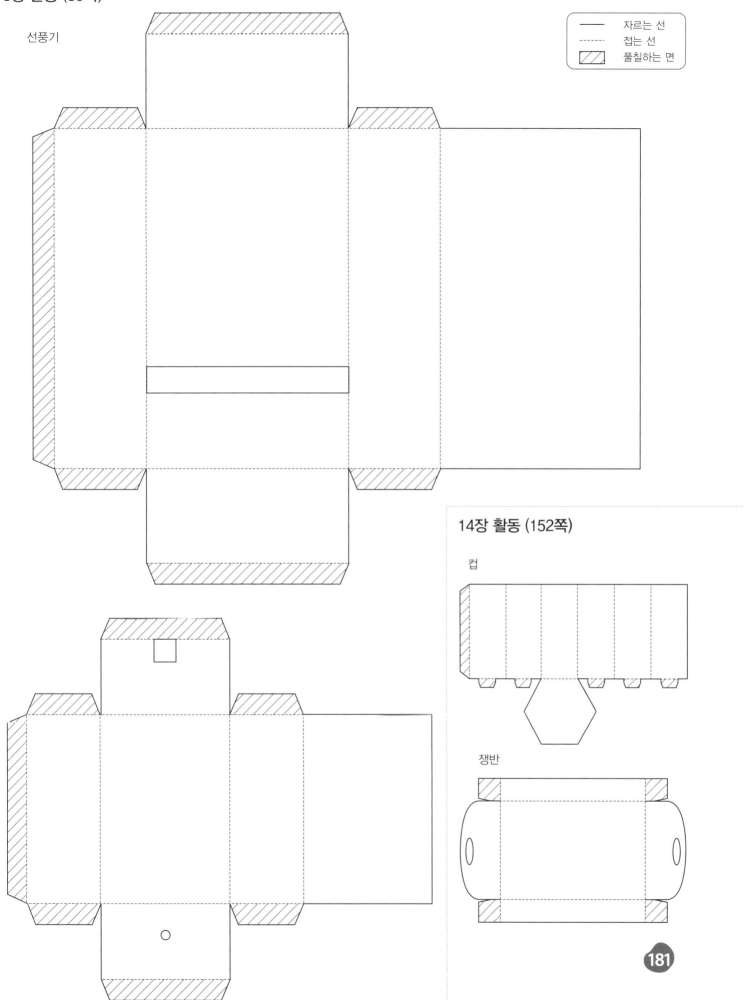

자르는 선
접는 선
풀칠하는 면

14장 활동 (152쪽)

컵

쟁반

풀칠하는 면

자르는 선
접는 선
풀칠하는 면

3분

5분

건전지 케이스
위치

10분

50분

마이크로비트
위치